ro
ro
ro

Sybil Gräfin Schönfeldt

KNIGGE *für die*
nächste Generation

Rowohlt Taschenbuch Verlag

Veröffentlicht im Rowohlt Taschenbuch Verlag GmbH,
Reinbek bei Hamburg, Juni 2003
Copyright © 2001 by Rowohlt · Berlin Verlag GmbH, Berlin
Alle Rechte vorbehalten
Lektorat Julia Kühn
Umschlaggestaltung any.way, Barbara Hanke
(Umschlagfoto: Heidi Velten)
(Foto der Autorin: Gisela Floto)
Gesamtherstellung Clausen & Bosse, Leck
Printed in Germany
ISBN 3 499 21239 0

Die Schreibweise entspricht den Regeln
der neuen Rechtschreibung.

Inhalt

Vorwort

Du hast dieses Buch aufgeschlagen und liest, was ich geschrieben habe. Auf der letzten Seite kannst du etwas über mich erfahren. Ich aber weiß nichts von dir. Weiß nicht, ob du ein Junge oder ein Mädchen bist. Ob du dir dieses Buch gewünscht hast oder ob einer deiner Erwachsenen gefunden hat, dass du einmal so etwas lesen solltest – und ob das sachlich gemeint war oder in dem Sinne von: «Das hast du nötig!» Und was hättest du nötig? Eine Ahnung von gutem Benehmen.

Vom korrekten Benehmen.

Gibt es das überhaupt? Kann man das so lernen wie geometrische Lehrsätze oder Grammatikregeln? Ist dieses Buch also eine Gebrauchsanleitung? Bist du ein Mensch von guten Manieren, wenn du alles auswendig weißt? Und dann – Schluss und aus, Thema abgehakt?

Nein, ich fürchte, so einfach ist die Sache nicht. Und zwar aus dem einen Grunde: Es gibt nicht *das* gute Benehmen. Unser Verhalten, unsere Umgangsformen wandeln sich ständig. Man muss also darüber nachdenken. Wir, du und ich, müssen immer wieder entscheiden, was wir für richtig halten. In vielem werden wir uns einig sein, weil wir – trotz des Altersunterschiedes – Kinder einer Zeit sind. In manchem werden wir auch mit dem größten Teil unserer Mitmenschen einig sein, Gott sei Dank, denn wir wollen ja nicht als Eremiten oder Außenseiter durchs Leben gehen. Aber in anderen Punkten kommen wir zu eigenen Entscheidungen, und wenn sie wohlbegründet sind, können wir darauf hoffen, dass uns die anderen respektieren und dulden.

In diesem Buch werden ein paar dieser Punkte behandelt, die mir bemerkenswert erscheinen, weil sie von vielen als Erstes erwähnt werden, wenn es um das große Thema des Benehmens geht; weil sie für unsere Gegenwart typisch sind; weil sie mir aufgefallen sind. Ich kann nicht Auto fahren und habe auch kein Fahrrad mehr. Ich gehe zu Fuß und benutze öffentliche Verkehrsmittel. Dabei erlebt man oft mehr als die Radler und die Autofahrer. Trotzdem ist das, was du lesen wirst, nicht vollständig und vor allem, wie gesagt, kein ehernes Gesetz.

Du wirst schon sehen, was das für uns Menschen und unsere Manieren bedeutet.

Kein alter Hut:
Vom Sinn der Konvention

Was sind Umgangsformen und warum brauchen wir sie?

Benimm dich!

Das hast sicher auch du schon zu hören bekommen.

Und wie sollst du dich benehmen? Anständig natürlich. Ordentlich.

Und was bedeutet das?

So könnte man noch lange weiterfragen. Am Ende steht die Antwort: so, wie ich es für richtig halte. Wie ich es will.

Wie ich es dir sage.

Und warum will jemand, dass du dich so oder so benimmst? Woher weiß er vor allem, dass dieses betreffende Benehmen richtig ist? Und was gibt ihm das Recht, so über dich zu bestimmen?

Dazu muss man erst einmal sagen, dass sich jeder Mensch benimmt, also: so oder so mit den Mitmenschen umgeht. In grauen Vorzeiten hat vielleicht die Keule zum allgemeinen Umgang gehört, ganz bestimmt aber auch die Geste, die wir noch heute kennen: das abwartende Lächeln; die offen dem Fremden entgegengestreckten Hände; der leicht schräg gelegte Kopf, der die Haltung locker und entgegenkommend macht. Die Keule und das Lächeln bezeichnen von Anfang an das negative und das positive Ende der vielen Möglichkeiten, sich zu benehmen. Solche grundlegenden Gesten und Gegensätze bleiben bestehen, modische Variationen kommen und gehen, und sie gehören wiederum zum Grundbestand einer oder mehrerer Generationen. Deren Summe könnte man als die zeitgenössischen

Umgangsformen bezeichnen. Und wer bezeichnet sie so? Wer entwirft sie? Wer verwirft sie?

Das sind wir alle, immer und in jedem Moment. Es gibt keine unumstößlichen Gesetze dieser Art. Wir kommen überein, was für uns gültig ist und was nicht. Mit jeder Handlung, jeder Geste tragen wir dazu bei. Mit jeder Rücksichtslosigkeit entscheiden wir uns für die Keule, mit jeder hilfsbereiten Geste für das Lächeln. Mit jeder Überlegung, wie wir mit Freunden und Feinden, mit Messer und Mofa umgehen sollen, bestätigen wir unsere Umgangsformen und ihre Veränderungen. Deshalb wirft eine Großmutter manchmal die Augen gen Himmel und sagt: «Also – ich hätte mir das nicht leisten dürfen.»

Recht hat sie. Und wenn du fünfzig oder sechzig Jahre älter bist und auch Enkel hast, wirst du vielleicht an deine Großmutter denken und lachen, wenn du merkst, dass du genau denselben Satz so sagst, als ob du ihn in diesem Augenblick erfunden hättest.

Wenn aber nun das Benehmen etwas so Veränderliches ist, auch von Ort zu Ort, von Land zu Land verschieden sein kann – warum muss man sich dann die Mühe machen, sich den Ist-Zustand einzuverleiben?

Wahrscheinlich gibt es ein gutes Dutzend Gründe, praktische, eigensüchtige und edle und so weiter, aber ein ganz einfacher lautet: weil wir ziemlich zahlreich sind. Weil die Bewegungen großer Massen irgendwie geordnet sein sollten, damit man sich durchfindet. Weil es sich einfach nicht lohnt, sich über jedes Umgangsproblem selber den Kopf zu zerbrechen. Das haben schon andere getan, seit Hunderten von Jahren, und die meisten Lösungen waren gar nicht so schlecht. Man hat sie weiter benutzt und kann sie weiter benutzen und hat den Kopf frei für wichtigere Dinge. Und vor allem: weil wir uns darauf verlassen können und wollen, dass die anderen die Spielregeln eben auch kennen und befolgen. Das sorgt für angenehmen Umgang eben auch mit Menschen, die ich nicht kenne, die ich nicht ausstehen kann, die mir vollkommen gleichgültig sind.

Und obgleich sich die Manieren mit uns Menschen verändern und wandeln, geschieht das meist so allmählich, dass wir den Wandel erst bemerken, wenn uns irgendein Ereignis oder irgendein Mensch darauf aufmerksam macht, und dann ist es eben an der Zeit, über diesen Wandel nachzudenken.

Es hat sich sogar die Reaktion auf diese Veränderungen gewandelt. Denk an unsere Großmütter. Deine lachen vielleicht über das viele Neue, das sie bei dir sehen und erleben, und wenn sie sich aufregen, so lachst vielleicht du liebevoll und erklärst dem Öhmchen, warum man sich heute ruhig einen Ring in die Nase klemmen kann, ohne gleich für das normale Leben verloren zu sein.

Meine hätte manches Neue noch vollkommen unmöglich gefunden und hätte (und hat) es überhaupt nicht akzeptiert: dass sich ihre Enkelin zum Beispiel die Nägel lackiert oder die Lippen geschminkt hätte. Dass sie einen Studienfreund in seiner Bude besucht hätte, und wenn es wirklich nur zum Lernen gewesen wäre.

Also habe ich mich, wenn ich sie besuchte, entlackt und gar nicht erst den Lippenstift benutzt. Anderes habe ich ihr nicht erzählt, weil ich wusste, dass sie es mit ihren Anstandsvorstellungen aus dem 19. Jahrhundert gar nicht verstehen konnte. Sie fand es ohnehin überflüssig und schon ein wenig anstößig, dass ein Mädchen studierte und dass es sich das Geld dafür selber verdiente. Nach ihrer Vorstellung hatte ein Mädchen auf den guten reichen Mann zu warten, der es sein Leben lang auf Händen trug, und weil solche Traummänner natürlich nur untadelige Mädchen wählten, hatten diese nichts in Studentenbuden zu suchen, wo der allgemeinen Ansicht nach nicht die Stufen der mittelhochdeutschen Lautverschiebung gebüffelt, sondern der gute Ruf ruiniert wurde.

Das klingt krass, aber meistens wächst ein Kind nicht bei der vorvorigen Generation auf, und nicht alle Altvorderen hängen auch noch an den überholtesten Ideen. Mein Großvater dachte schon anders, mischte sich aber nicht ein. Er sah, dass ich mich nicht beirren ließ, und ich spürte seine Zustimmung. So endete in meiner wie in vielen anderen Familien die eine Vorstellung von Anstand und Sitte, und eine andere, die der zweiten Hälfte des 20. Jahrhunderts, begann.

Wenn du dich umschaust und über die Handlungen und Unterlassungen der Menschen um dich herum nachdenkst, so wirst du Ähnliches feststellen. Die Fragen, die sich daraus ergeben: Was will ich bewahren? Wovon sollte ich mich warum trennen? Was füge ich meinem Verhalten stattdessen hinzu?

Noch einmal zurück zu den Großmüttern. Meine wollte mich nicht sekkieren oder drillen oder quälen. Sie wollte mein Bestes. Sie wollte, dass ich keinen Anstoß errege, dass ich mir und freilich auch ihr keinen Kummer bereite, dass ich von der Gesellschaft akzeptiert und mit Wohlwollen behandelt werde und dass es mir deshalb gut ginge. Ihre Erfahrung hatte ihr in ihrem Leben immer wieder bestätigt: Wer sich anpasst, hat es leicht, hat seine Ruhe, hat Erfolg – je nachdem.

Jeder Mensch passt sich in einem gewissen Maße an, meist ohne nachzudenken, ganz automatisch. Du passt dich an, indem du versuchst, deine Eltern die Kleider kaufen zu lassen, die die anderen tragen. Nutzt es den Eltern, wenn sie mit Vernunftgründen dagegen fragen? Oder von Geld sprechen?

Du passt dich an, indem du die Musik hörst, die Videos anschaust, die gerade in deiner Gruppe von denen konsumiert werden, die den Ton angeben.

Wer anders aussieht und sich anders benimmt, wird entweder nie oder nie richtig akzeptiert. Oder verkloppt. Oder verhöhnt. Oder er muss sich eine Verhaltensnische suchen, muss den Klassenclown spielen oder ein Supersportler sein. Oder er muss einfach weggehen, in eine andere Schule, in eine andere Stadt, muss sich seine eigenen Lebenskreise suchen.

Das kann ein Durchschnittsmensch aber meistens noch nicht in jungen Jahren. Dazu muss er über sich selbst entscheiden können. Und deshalb finden es die Erwachsenen so wichtig, dass man schon als Kind lernt, sich zu benehmen, also: so zu benehmen, dass man anstandslos durchkommt.

Sie sagen: Du kannst nicht damit rechnen, dass alles nach deinen Wünschen läuft. Du wirst immer wieder in Situationen kommen, in denen du der oder die Neue, in denen du fremd bist. Du wirst also immer wieder in andere Benehmensbereiche stoßen, von anderen begutachtet und beurteilt werden, und ob du es weißt oder nicht: Du sendest Signale aus, du zeigst Eigenschaften und hast ein Äußeres, die den anderen Rückschlüsse erlauben.

Igitt, wie oberflächlich!, denkst du vielleicht. Ja, sicher. Aber wir werden nun einmal in Sekundenbruchteilen von anderen wahrgenommen, und in deren Hirncomputer rast das Programm durch, das dich checkt und einordnet. Erst wenn du den Zugangscode des Beobachters geknackt hast, beginnt das eigentliche Kapitel, kann es um deine inneren Werte gehen.

Die Werte. Das ist im wahrsten Sinn des Wortes ein Kapitel für sich, und deshalb kannst du am Ende des Buches etwas darüber lesen. Eigentlich hat das, was man als Benimmregel bezeichnet, nichts mit den sittlichen oder ethischen Werten zu tun, aber wenn man das Benehmen nicht nur als ein Problem des rechten Umgangs mit Suppentassen oder Ballhandschuhen betrachtet, stellt man immer wieder fest, dass sich Moral und Manieren berühren. Also: siehe Seite 153.

Aber zuerst geht es um dich selbst. Wer bist du? Wie nehmen dich die anderen wahr? Was erwarten sie von dir?

Die erste Lektion: Ein Kinderspiel

Jeder Mensch – auch du – ist eine Einzelanfertigung, aber: Der Mensch ist kein Einzelwesen. Weil er in eine Gemeinschaft hineingeboren wird und auf deren Hilfe angewiesen ist, muss der Mensch diese Gemeinschaft kennen lernen – und umgekehrt will die Gemeinschaft den Neuzugang vorgestellt bekommen. Aber wie kommt man miteinander ins Gespräch?

Diese erste Lektion der Umgangsformen lernt jedes Kind, wenn eine – sagen wir – entfernt lebende Tante zu Besuch kommt. Die Mutter schiebt das Kind zum Gast und sagt in etwa: «Das ist Hans.»

Die Tante wird Hans die Hand geben oder über den Kopf streichen oder sie wird ihn in den Arm nehmen, und dann folgt in 99 Prozent aller Fälle der Satz: «Du bist also Hans. Mein Gott, was bist du groß geworden!»

Selbst die Erwachsenen, die diesen Satz albern finden, weil es bei einem Kind ja natürlich ist, dass es wächst, und ein Erstaunen nur dann angebracht wäre, wenn es kleiner würde, müssen sich auf die Lippen beißen, um ihn nicht auszusprechen. So sehr liegt er jedem auf der Zunge.

Warum? Weil der Mensch oberflächlich ist? Weil die meisten Menschen das aussprechen, was ihnen gerade durch den Kopf schießt? Weil sie also reden, ehe sie nachgedacht haben? Weil ihnen nichts anderes einfällt? Oder weil sie wirklich so erstaunt sind?

Auf jeden Fall ist dies ein typischer Gesprächsanfang zwischen Fremden. «Was bist du groß geworden!» ist ebenso banal wie «Was haben wir heute für ein herrliches Sommerwetter gehabt!» oder «Was machen Sie in Ihrem nächsten Urlaub?».

Daraus kann man folgern: Es ist schnuppe, was für ein Thema man anbietet. Hauptsache, man kommt ins Gespräch.

Richtig. Aber der Vorgang ist Regeln gefolgt, die der Hans (und alle anderen) ihr Leben lang beherzigen können.

Die Mutter (oder der Vater) hat das Kind, den Jüngeren, dem Fremden vorgestellt. Sie hat gesagt: «Das ist der Hans!», damit die Tante, die Ältere, der man Rücksicht und Ehre erweist, Bescheid weiß. So wird der Hans und so werden alle Jüngeren immer wieder den Älteren, später den Lehrern und den Vorgesetzten vorgestellt werden. Diese werden für würdig befunden, zuerst über den Hans Bescheid zu wissen. Dafür muss der Ältere das Gespräch beginnen, muss sich dem anderen zuwenden, ihn wahrnehmen, sich für ihn interessieren.

Wie soll er das machen?

Wenn ihm der Vorstellende, in diesem Fall die Mutter, später der Sportsfreund oder die Klassenkameraden oder der Gastgeber, keinen Hinweis gibt, ist er aufgeschmissen und muss sich zu solchen banalen Sätzen wie über das Wetter oder die Körperlänge retten.

Hätte die Mutter oder der Vater zum Beispiel gesagt: «Hans hat gerade einen Goldhamster geschenkt bekommen!», oder: «Hans ist ein begeisterter Inlineskater» – na, dann hätten es alle Tanten der Welt leichter, weil sie gleich wüssten, was den Hans interessiert und worüber sie sich mit ihm unterhalten können. (Ein aufmerksamer Gastgeber würde später ebenso verfahren und seine Gäste nicht nur mit Namen vorstellen, sondern auch ein paar Worte über deren berufliche Tätigkeit, private Interessen oder Erfolge in jüngster Zeit verlieren, um den anderen Anwesenden Anknüpfungspunkte für eine Unterhaltung zu geben.) So oder so kann man zu einem vernünftigen Gespräch, kann man zueinander kommen, aber der erklärungslose Umweg über das Wetter ist größer.

Eine andere Verlegenheitsfrage, die man dir sicher auch schon gestellt hat, lautet: «Und was macht die Schule?»

Das ist die nächste Lektion. In solchen Situationen erwartet der andere nicht, dass ihm die Wahrheit und nichts als die Wahrheit erwidert wird. Schule – du liebe Zeit! Ein Thema für ein ganzes Wochenende! Oder nur für ein einziges Wort. Also was soll man nun machen? Abblocken? Lieber genauso reagieren wie auf die Frage: Wie geht's? In diesem Fall erwartet kein Mensch eine genaue Erklärung der Lage mit Krankenblatt oder letztem Zeugnis.

Was macht die Schule? Wie geht's? Ganz gut, danke. Das ist nicht mehr als ein verlängerter Gruß. Es ist ein Zeichen: Ich habe dich wahrgenommen. Ich möchte mich gerne mit dir unterhalten – worüber, das wird sich zeigen. Das hat Zeit. Wir haben erst mal ein Wort miteinander gewechselt, sind nicht wie die Ölgötzen stumm und blöde dagestanden, sodass ich gar nicht weiß: Will der was von mir? Oder nicht? Und mir vorkomme wie bestellt und nicht abgeholt.

Auch in diesem Fall wäre eine Mutter oder ein Freund oder Kollege oder Gastgeber hilfreich. Bleiben wir bei der Mutter. Sie wird sich bei der Schul-Frage nicht vordrängen. Wenn du anfängst, der Tante etwas von der Schule zu erzählen, ist es gut, und sie wird nicht weiter gebraucht. Schweigst du aber, so wird sie eine kleine Information geben. Vielleicht hast du gerade einen Freund gefunden oder bist in den Schulchor eingetreten. Aber sie würde keinesfalls sagen, dass du lauter Fünfer geschrieben hast und ein Faulpelz bist, selbst wenn es stimmte. Dies ist der entscheidende Punkt: Lügt die Mutter nicht, wenn sie das momentan für sie und für die Schule und für dich Wichtigste, die Fünfer, unterschlägt? Ist es nicht verwerflich, dass unsere gesellschaftlichen Umgangsformen auf solchen Unterlassungen und auf ähnlichem Verschweigen begründet sind? Bitte überleg nun einmal: Was würdest du nach dieser Fünfer-Auskunft überhaupt noch sagen können? Ein solcher Satz hält kein Gespräch in Fluss, sondern macht es unmöglich.

Weiter: Wie fühlst du dich, wenn dich alle anstarrten, dich, den Fünfer-Schreiber, dich, den Versager? Tratsch tratsch, würde es in der ganzen Verwandtschaft weitergewispert werden.

Der oder die schreibt nur Fünfer! Die arme Familie! Na ja, bei der Erziehung! Der Vater war ja auch kein Kirchenlicht – und so weiter und so weiter, und wenn du siebzig würdest, wärest du für die Neunzigjährigen in der Familie immer noch der Fünfer-Schreiber.

Über Takt und Taktlosigkeit

Denken wir wieder an die allererste gesellschaftliche Bemerkung:

«Was bist du groß geworden!»

Darauf antwortet keiner den Tanten und Onkeln: «Was bist du runzlig geworden, was bist du dick und kahl!»

Und auf die höfliche Gruß-Frage: «Wie geht's?», antwortete ich: «Danke schön, prächtig!», aber nicht: «Mir geht's gut, aber Sie sehen ja grässlich aus! Hab ich nicht gehört, Sie hätten Leukämie im letzten Stadium?»

Die Wahrheit kann furchtbar sein. Sie kann – wie die Fünfer in der Schule – niederschmettern und verletzen. Sie – das Versagen, das Unglück, die Krankheit – kann demütigen, beleidigen, traurig und verzweifelt machen.

Über solche Wahrheiten spricht man nicht so obenhin. Nicht bei einer flüchtigen Begegnung. Wenn jemand überhaupt sein Herz so weit öffnet, dass ich die Wunden sehen darf, dann im vertrautesten kleinsten Kreise.

Und zu den Runzeln: Was nützte es, wenn man jemandem sagt, er sei aber alt geworden? Die Alten wissen selber, dass sie nicht mehr so hüpfen und rennen können wie einst, wie du … Dass sie dick und schief und krumm werden und nichts mehr dagegen tun können – so wenig wie du vermutlich sechzig Jahre später auch.

Unsere Unfähigkeiten und Unvollkommenheiten lassen sich nicht dadurch ändern, dass man sie lauthals verkündet und uns verhöhnt. Du brauchst sicher nur an dich selber zu denken. Wie es dich schon einmal getroffen hat, dass dich dein bester

Freund gekränkt hat. Ich kann mich bis heute daran erinnern, wie ich einmal gestürzt war und mir die Nase aufgeschlagen und gebrochen hatte. Mein ganzes Gesicht war geschwollen, auf der Wunde saß ein Pflaster, und als ich am nächsten Morgen in die Schule kam, kreischte meine – wie ich dachte – Herzensfreundin: «Oh Gott, du siehst ja grässlich aus! Neben dir will ich aber heute bestimmt nicht sitzen!» Das war's, und es ist bis heute nicht vergessen.

Jeder Mensch braucht ein bisschen Erbarmen und Hilfe für seine Schwächen. Höflichkeit ist ja gerade dazu entwickelt worden, um so eine unbedachte Herzlosigkeit, um die Lust am Verspotten zu bremsen, auch diesen manchmal bösen Drang in Grenzen zu halten, den anderen durch Worte, durch diese eitle selbstgerechte angebliche Liebe zur Wahrheit zu verletzen.

Denn der Gegensatz zur Wahrheit ist nicht immer nur die Lüge. Alec Guinness, der berühmte britische Schauspieler, hat gesagt: «Wahrheit ist selten ein guter Ersatz für Takt.»

Takt kennt die Wahrheit genau, aber er spricht sie nicht aus. Das ist ein großer Unterschied, und wir haben wieder einen Punkt erreicht, wo sich Moral und Manieren berühren, wo es um die Werte geht. Also: siehe Seite 153.

Was aber ist Takt? Du wirst immer wieder hören, dass er zum guten Benehmen gehört und dass er Herzenssache ist. Das klingt so, als ob man ihn hätte oder nicht, als ob man ihn keinesfalls lernen könne.

Gewiss gibt es Menschen, die zu Taktlosigkeiten neigen, und andere, denen es Spaß macht, sich richtig gemeine Sätze auszudenken. Also können wir die negative, die schmerzhafte Seite, die Taktlosigkeit, genau beschreiben. Wie sieht die positive Seite aus? Was ist Takt?

Das Wort kommt wie viele unserer Wörter aus dem Lateinischen und bezeichnet in der Musik und in der Tanzkunst die gehörige und genau bestimmte Dauer eines Tones oder einer Bewegung. Dieser präzise Begriff ist nun in die Alltagssprache übernommen worden und bezeichnet eigentlich genau dasselbe: die gehörige und genaue Dauer eines Tones (also eines Wortes) oder einer Bewegung (also einer Geste). Du kannst auch sagen: das rechte Wort am rechten Platz.

Aber wie kann man wissen, welches von allen Wörtern das rechte ist? Das ergibt sich aus der Taktlosigkeit. Versetz dich in den anderen. Stell dir vor, was du fühltest, wenn du mit einem verquollenen Gesicht, grün und blau von Blutergüssen, in die Klasse kämst und das Gejohle hörtest: «Geschieht ihr recht, dass sie auf die Schnauze gefallen ist!»

Stell dir vor, dass dir etwas Peinliches oder Demütigendes passierte. Was erwartest du dann von denen, die du für deine Freunde hältst? Dass sie noch lauthals darauf hinweisen? Oder dass sie dir taktvoll helfen?

Warum man seinen inneren Schweinehund überwinden sollte

Stell dir vor, du kämst neu in eine Klasse oder in einen Sportverein. Du kennst keinen. Was wäre dein Wunsch? Dass du unbeachtet in der Ecke bleibst? Dass dich alle anstarren und einer sagt: «Seht mal – der schielt ja!», oder dass sich einer überwindet und zu dir geht und etwas Nettes sagt? Wäre es nicht gut, wenn du in so einem Fall als Mitglied der Gruppe derjenige wärest, der sich höflich und taktvoll benimmt?

Vielleicht meinst du jetzt: «Ja, wie komm ich denn dazu, so was zu tun?»

Du solltest es tun, weil du zur Gruppe gehörst; weil du also in diesem Augenblick der Stärkere und Sicherere bist und das gute Benehmen darauf beruht, dass der Stärkere dem Schwächeren hilft. Mit dem rechten Wort am rechten Platz.

«Ja, aber warum ich?»

Weil es einer machen muss. Richtig und taktvoll machen

muss. Weil er ein Beispiel für das rechte Verhalten geben soll. Nur durch die Tat entscheidest du, wer du bist.

Es gibt Erwachsene, die davon sprechen, dass das Experiment Zivilisation gescheitert sei. Damit wollen sie sagen: Die Hoffnung, dass sich die Menschheit nicht mehr wie in der Steinzeit mit Knüppeln schlägt, sondern auf die Vernunft hört und sich gesittet und zivilisiert beträgt – diese Hoffnung ist im Eimer.

Wenn man die Zeitung aufschlägt und liest, wie Vier- oder Zwölfjährige ihre Großmütter erschlagen, weil diese ihnen das Taschengeld aus irgendwelchen Gründen gestrichen haben, oder an all die Schüler denkt, die in den letzten Jahren ihre Lehrer und Mitschüler erschossen haben, wenn man überlegt, dass zu jedem Zeitpunkt irgendwo auf der Welt ein grausamer Krieg tobt, möchte man meinen, die Hoffnungslosen hätten Recht.

Wenn ich mich aber mit Kindern und jungen Leuten unterhalte, so glaube ich: Es stimmt vielleicht in vielen Fällen, vielleicht in mehr als früher, aber längst nicht in allen. Und solange ein paar Menschen den sprichwörtlichen inneren Schweinehund überwinden, solange sie nicht nur an sich denken, hat es Sinn, über Manieren und den Preis der Zivilisation nachzudenken.

Er besteht nämlich auch darin, dass der Einzelne dieser Zivilisation wegen auf bestimmte Dinge verzichtet und nach bestimmten Richtlinien lebt, die ihn und seine Gefühle vielleicht einschränken.

Dagegen wehrt sich das Ego, das Ich. Es denkt in uns: Warum kann mich die Welt (die Eltern, die Lehrer, die Freunde, die Nachbarn) nicht nehmen, wie ich bin?

Erste Gegenfrage: Ja – wer bist du denn? Weißt du das schon? Übst du dich nicht erst in der Kunst, jemand zu sein? Was hast du zu bieten, worauf sich dein Wunsch oder deine Forderung stützt, von allen so anerkannt zu werden, wie du bist?

Zweite Gegenfrage: Hältst du das für dein persönliches Problem? Stecken nicht die anderen in der gleichen Klemme? Müssen sie sich nicht auch anpassen? Wir leben als einer oder eine von allein in Deutschland achtzig Millionen.

Gegenfrage auf die zweite Gegenfrage: Also soll ich eine Ameise im Achtzig-Millionen-Ameisenhaufen sein?

Antwort: Natürlich nicht. Du sollst der Mensch werden, der in dir steckt. Dazu gehört, dass du erst mal gegen die wütest, die dich anders wollen. Aber irgendwann wirst du entdecken, dass man gerade im Schutz der Konventionen die Ruhe bekommt, die man zu seiner Entwicklung braucht. Denn auch dazu sind Konventionen entworfen worden. Und dafür solltest du sie auch benutzen. Wenn du dann wirklich weißt, wer du bist, kannst du dir immer noch überlegen, ob du auf sie pfeifst oder nicht. Konvention – das Wort stammt vom lateinischen Verb convenire, was übereinkommen bedeutet oder sich anpassen, sich schicken. Das ganze sprichwörtliche gute Benehmen ist eine Konvention, eine Übereinkunft oder ein Vertrag, den wir miteinander geschlossen haben: So und so wollen wir miteinander umgehen.

Das ist sein eigentlicher und einziger Sinn.

Begrüßungs*rituale*

Wie stellt man sich den anderen vor?

Lass uns den Sprung zurück in die Situation machen, in der du, die oder der Einzelne allein einem Fremden gegenübersteht.

Wenn ein kleines Kind mit anderen spielt oder sie besucht, sind meistens Erwachsene dabei oder ältere Kinder, die auf die Frage «Wer ist denn das?» für es antworten.

Wenn meine Großtante in dem kleinen Ort, in dem sie als pensionierte Rot-Kreuz-Schwester lebte, unverkennbar in ihrer weißen gestärkten Schwesternhaube, auf ein Kind traf, das sie noch nicht kannte, blieb sie stehen, musterte es, und wenn ihr nicht eine Familienähnlichkeit auf die Sprünge half, so stampfte sie mit ihrem Gehstock auf und fragte im Dialekt der Gegend: «Ei, wem bist du denn seins?»

Ein Mädchen knickste dann, ein Junge machte seinen Diener und antwortete: «Ich bin dene Müllers ihrs, der Johann, Schwester Frieda!» War das Kind zu schüchtern oder von Stock und Schwesternhaube zu verschüchtert, kam ein anderes gesprungen, nahm es auf den Arm, damit es die alte Frau besser betrachten konnte, und sagte: «Aber das ist doch das Hänsche von dene Müllers, Schwester Frieda!»

So wird man miteinander bekannt. Und wenn der Johann irgendwann später die Schwester Frieda zu einer Nachtwache oder einer Pflege bitten musste, die meine Großtante so lange verrichtete, wie sie selber auf den Beinen stand, wusste sie gleich, wer er war und was sie in ihre Tasche packen musste. «Ach, du bist dene Müllers ihr Johann, dann hat die Oma wohl wieder geschwollene Beine!» Und Johann nickte und hielt sie für eine Zauberin.

Wenn man nun so etwas als Kind immer wieder verfolgt und miterlebt hat, lernt man nicht nur, sich auch so oder ähnlich zu benehmen, sondern man begreift den Sinn.

Diese einfachen Sätze, mit denen sich die Menschen miteinander bekannt machen, schaffen eine Atmosphäre der Vertrautheit, der Freundlichkeit. Wenn der Johann der Schwester Frieda später einmal eine Grimasse schneidet oder ihr mit dem Ball das Kellerfenster einschmeißt, wird sie sich nicht empören und das Kind ein für alle Mal auf die Seite der «schlimmen Buben», wie sie sie nannte, einreihen, sondern sie wird lachen und sagen: «Ach, der Johann. Der hat manchmal seine Mucken.»

Und Vater Müller hat ohne Gezank und Rechtsanwalt eine neue Scheibe eingesetzt. Das Kellerfenster war klein.

Einiges hat sich seit damals geändert, nicht nur, dass heute mit den Schultern gezuckt und gesagt wird: «Na und? Die Versicherung zahlt's!»

Geändert hat sich vor allem dieses: Knicks und Diener sind im Allgemeinen nicht mehr üblich. Es gibt sicher noch ein paar Familien und Gegenden, in denen diese Ehrenbezeugungen der Kinder zum gewöhnlichen Anstand gehören. Und es gibt in Großstädten wieder Kinder, die einer Erwachsenen zu ihrem größten Schrecken fast den Arm auskugeln, um ihr zur Begrüßung einen Handkuss zu verpassen und – kaum dass sie sich wieder gefasst hat – um den Hals zu fallen und sie auf beide Wangen zu küssen.

Handkuss und Akkolade – wie man diese Rechts- und Linksküsse nennt – haben diese Kinder sicher bei ihren Erwachsenen gesehen, und keiner hat ihnen gesagt, was es damit wirklich auf sich hat. Darüber liest du etwas auf Seite 28. Hier nur die Feststellung: Beides gehört heute im Allgemeinen nicht mehr zur Begrüßung. Die verläuft so: Wenn du zum Beispiel einen Spielkameraden oder Schulfreund besuchst, sagst du ihr oder ihm das, was bei euch üblich ist, also «Grüß dich!» oder «Hallo!».

Macht dir eine dir noch unbekannte Person auf, so stellst du dich vor, damit die Betreffende weiß, mit wem sie es zu tun hat. Du sagst also zum Beispiel: «Guten Tag, ich bin Peter Stumm, und ich bin mit Julia verabredet.»

Dann ist es an der Unbekannten, dir die Hand zum Gruß zu reichen oder nicht, je nach örtlicher Sitte, auf jeden Fall zu antworten: «Ich bin Julias Mutter. Lauf nur rauf, Julia wartet schon auf dich –», oder etwas Ähnliches in diesem Sinne. Du weißt dann: «Aha! Frau Stein!»

Und wenn nicht Julias Mutter die Tür geöffnet hätte, sondern eine andere, die du auch nicht kennst, so hätte sie gesagt: «Ich bin Frau Rose, Julias Tante …»

Jetzt schlüpf bitte in die Rolle von Julias Bruder, der Gerhard heißen könnte. Es klingelt, du, Gerhard, machst auf. Vor dir steht ein Junge, stumm, weil er nicht weiß, ob er etwas sagen soll. Dann wartest du gar nicht erst, bis sich der andere überwindet, sondern hilfst ihm. Du sagst: «Hallo, ich bin Gerhard, Julias Bruder. Und du musst Peter sein, denn sie hat gesagt, dass du heute um drei zu ihr kommen wolltest. Warte, ich lauf vor, damit du im richtigen Zimmer landest …», und so weiter.

Kommt ihr beiden dabei an Julias Mutter vorbei, die vielleicht am PC sitzt oder in der Küche hantiert, so bleibst du stehen und sagst: «Mutter, das ist Peter, du weißt schon, Julia hat dir von ihm erzählt. Peter – das ist unsere Mutter.»

Die Mutter nickt, sagt irgendetwas Unverbindliches, und schon wäre auch das erledigt.

Es ist nämlich grässlich, wenn man in seinen eigenen vier Wänden als Mutter oder Vater wie ein Möbelstück behandelt und gar nicht wahrgenommen wird. Kinder, die die eigenen Kinder besuchen, rennen an einem vorbei, starren einen einen

Augenblick lang ausdruckslos an, sagen kein Wort, rennen weiter. Komme ich in die Küche, sind sie am Kühlschrank, haben die Suppe für morgen oder das Dessert für heute Abend aufgefuttert, schmieren sich ein Brot, stöbern in den Getränkefächern herum, behandeln einen weiter wie Luft, und nur aus Zufall könnte man in ein Gespräch kommen.

Also: Wenn man in einen fremden Haushalt kommt, macht man sich bekannt oder wird vorgestellt. Dadurch wird man nicht automatisch ein Kind des Hauses. Wenn man das Telefon benutzen möchte, fragt man um Erlaubnis. Wenn man ein längeres Gespräch führen möchte oder muss, bietet man an, dafür zu zahlen. Wenn man Hunger hat, bittet man um etwas zu essen. Wenn man aufs Klo gegangen ist, verlässt man den Ort so ordentlich, trocken und sauber, wie er vermutlich war. Und so weiter.

Diese Achtung der fremden Privatsphäre ist wichtig und erstreckt sich selbstverständlich auf das ganze Haus. Du rennst nicht von Zimmer zu Zimmer, guckst in alle Schränke, obwohl ich gestehen muss, dass es mir Spaß machte, als eine Klassenkameradin eines meiner Söhne unbefangen die Küchenschränke inspizierte und mir anerkennend sagte: «Wow, bei Ihnen ist es aber ordentlich!»

Wann gibt man sich die Hand?

Jetzt sind wir in der Küche. Bitte noch einmal einen Schritt zurück, an die Haustür. Wie ist das denn nun: Schüttelt man zur Begrüßung die Hand? Gibt man die Rechte, «das schöne Händchen», wie es früher allen Kindern eingedrillt wurde? Im Prinzip ja: aber in Norddeutschland nicht so selbstverständlich wie im Süden. Ein Kind und ein Jugendlicher achtet auf die Geste des Erwachsenen. Streckt er dir die Hand zur Begrüßung entgegen, so ist die Sache klar. Nickt er nur freundlich, ist es genauso klar, dass du dich in der Welt der Nicht-Hände-Schüttler befindest. Du nickst also zurück. Weiter.

Sagt man «Guten Tag!» oder «Guten Tag, Frau Stein!»? Es gilt als höflich, jemanden mit dem Namen anzusprechen. Schlimm für alle, die sich keine Namen merken können. Ich glaube, dass wir ihnen die Möglichkeit verdanken, nur mit «Guten Tag!» grüßen zu dürfen und trotzdem noch als höflich zu gelten.

Wie lautet die korrekte Anrede?

Aber Halt! Was machst du mit Titeln und akademischen Graden? Sagst du zum Bürgermeister «Herr Bürgermeister» oder «Herr Reuter»? Sagst du zu eurer Ärztin «Frau Dr.!» oder: «Frau Dr. Wiener» oder «Frau Wiener»?

Meine Antwort lautet wie beim sprichwörtlichen Radio Eriwan: Das kommt darauf an.

Ganz korrekt hat der Mann, der zum Bürgermeister gewählt worden ist, das Anrecht auf diesen ihm verliehenen Amtstitel. Man sagt: Herr Bürgermeister, Herr Staatsanwalt, Herr Bundeskanzler.

Aber wenn der Bürgermeister euer Nachbar ist, sagt ihr natürlich weiter «Herr Reuter» zu ihm oder «Otto». Wenn euch aber ein offizieller Anlass zusammenführt, dann gibst du ihm die Ehre der wohlverdienten Titel-Anrede.

Eure Ärztin hat übrigens keinen Titel verliehen bekommen, sondern sich den akademischen Grad durch Fleiß, Arbeit und eine Prüfung erworben. Dieser Grad ist nun Bestandteil ihres Namens, und du müsstest sie korrekterweise mit «Frau Dr. Wiener» anreden.

Aber keine Regel ohne Ausnahmen! Erstens ist es in den meisten Gegenden Deutschlands üblich, Ärzte kurzerhand nur mit dem Grad anzureden: Herr oder Frau Doktor. Und zweitens gibt es unterdessen Akademiker, die ihren Grad gar nicht genannt hören mögen und einem sofort sagen: «Ach bitte, schlicht Frau Wiener!» Und in dieser Reaktion liegt für uns die sehr praktische Lösung: Sag das Korrekte und warte ab, was passiert. Die Angesprochenen können ja sagen, wenn sie es anders haben wollen. Und wenn du nicht weißt, was das Korrekte ist, so erkundige dich. Hör, was die anderen sagen, frag den Anzusprechenden oder eine dritte Person, vielleicht seine Sekretärin oder einen der Mitarbeiter.

Ich werde zum Beispiel oft gefragt: «Muss ich Frau Gräfin zu Ihnen sagen?» Nein, das wäre nicht korrekt. Bei Adelstiteln gilt: Titel und Name. Oder, etwas vertraulicher: nur der Titel. Und wohin kommt mein schwer verdienter akademischer Grad? Eigentlich vor den Adelstitel. Aber: «Dr. Gräfin Schönfeldt» – das ist ein barocker Bandwurm und geht schwer über die Zunge. Also sagen manche Frau Doktor zu mir und andere wählen die Gräfin. Mir ist beides recht.

«Mahlzeit», «Hallo» und «Guten Tag»

Aber noch einmal zurück zum «Guten Tag!». Da gibt es auch ein Eigentlich. Wer sagt noch «Guten Tag»?

Wie ist es überhaupt mit dem «Guten Tag»? Sagen nicht alle «Hallo!»?

So ist es. Ältere Verwandte finden «Hallo!» im Grunde eher unmöglich und machen auch meistens keinen Hehl daraus. Wenn man das weiß, warum nicht diese so und jene so begrüßen, jeden nach seiner Art? «Hallo» ist die leichte, lockere Form. Ich würde sie ohnehin meiden, wenn ich einen Lehrer, den Chef, einen Fremden begrüße, auch in einer Trauergesellschaft klingt dieser fröhliche Gruß nicht richtig.

Das gilt auch für alle anderen verstümmelten Grußformen. Tschüs oder Tjö aus dem alten Adieu, genau genommen *à dieu,* geh mit Gott. Oder fürs Servus aus: Ihr ergebener Diener (was auf Lateinisch *servus* heißt) und das immer wieder mit Abscheu zitierte «Mahlzeit!». Es ist die Restform von «Ich wünsche eine gute Mahlzeit gehabt zu haben!». Mit diesem Wunsch hat unser «Mahlzeit!» nicht mehr viel zu tun, und schon Kurt Tucholsky hat sich um 1920 darüber lustig gemacht. In seiner Skizze

«Deutsch für Amerikaner» kann man unter «Begrüßungen» lesen:

«Guten Morgen! (sprich: Mahlzeit!)

Guten Tag! (sprich: Mahlzeit!)

Guten Abend! (sprich: Mahlzeit!)»

Seitdem ist ein Menschenalter vergangen. «Mahlzeit!» hat überlebt, also müssen wir wohl auch damit leben. Wenn dir der Ausdruck nicht gefällt, so siehst du bei Tucholsky, was du dir stattdessen aussuchen kannst.

Zu Hause in der Bussi-Welt: über Hand- und Wangenküsse

Und nun zum Schluss die überflüssigste Geste der Welt, wie der Handkuss auch genannt wird. Mal war er eine Selbstverständlichkeit. Dann war er ganz weg. Dann wurde mit ihm die «bessere Gesellschaft» verspottet. Dann wurde er vollkommen albern ausgeübt, und jetzt wollen junge Leute wieder alles über ihn wissen. Also:

Er ist eine Grußform, die der Herr bei der Dame anwandte, das Kind bei seinen Eltern, junge Mädchen bei älteren weiblichen Verwandten und Freunden der Familie. Er ist eine anmutige Geste, die von verehrungsvoller Höflichkeit bis zu fast gleichgültiger Routine reicht.

In Österreich stupsen Mütter aus Adelsfamilien ihre Kinder an und befehlen: «Handibussi!», und schwups hab ich einen nassen Kinderkuss auf der Hand. Im Lauf der Zeit lernen diese Kinder, weil sie in einer Handibussi-Welt leben, wie man's macht: kein echter, erst recht kein nasser Kuss. Nur ein Hauch über der Hand, über die man sich ein wenig beugt und die man keinesfalls zu sich emporzerrt. Am albernsten ist die Geste aus alten kitschigen Dreißiger-Jahre-Filmen, in denen die Schauspielerinnen ihre Hand, möglichst noch mit abgespreiztem kleinem Finger, dem Herrn geziert unter die Nase strecken.

Diese Dame ließe ich ungeküsst.

Zum eher österreichischen Handibussi kommt nun noch das eher bayerische Bussibussi, das sich aber wie der Steppenbrand in alle Himmelsrichtungen ausgebreitet hat. Du hast es ja schon auf Seite 23 gelesen, dass der beidseitigen Wangenküsserei die Akkolade – wörtlich: das Umhalsen – zugrunde liegt, der doppelte Friedenskuss, mit dem zum Beispiel ein junger Mann nach dem Ritterschlag in die Ritterschaft aufgenommen wurde. Deshalb hat man die Akkolade immer bei Politikern, vor allem bei Politikern östlicher Staaten gesehen, sie bekamen mit jedem doppelten Kuss wieder bestätigt, dass sie auch dazugehörten.

Für uns, für meine Generation ist die Akkolade eine neue Sitte. Sie hat sich vielleicht durch das Fernsehen so leicht und weit verbreitet, und da sie allgemein Akzeptables an sich haben muss, haben wir sie ohne große Debatten ins Repertoire unserer Umgangsformen übernommen. So kann man die Geburt einer neuen Sitte miterleben.

Allerdings sollte sie nach alter üblicher Art geübt werden: Es ist der Ältere, ist die Frau, die mit diesen Luftküssen auf beiden Wangen beginnt. Als Jugendlicher muss man also darauf gefasst sein. Aber ich glaube, meistens bekommst du ganz normale herzhafte trockene Tantenküsse.

Wie man diesen auf höfliche Art entgehen kann, wenn sie nicht herzhaft und nicht trocken sind?

Frag das am besten deine Mutter oder noch besser: den Vater. Er kennt die Tante, und er hat vielleicht früher mit dem gleichen Problem zu kämpfen gehabt.

Körper*kontrolle*

Die anderen als Spiegel deiner selbst

An die Frage «Wer bin ich?» schließt sich die nächste:

Wie sehe ich aus?

Die Figur der Tante, die wir uns ausgedacht haben, ist ganz praktisch. Ich stelle mir vor, dass sie ein bisschen strenger als die Eltern ist. Vielleicht sind ihre eigenen Kinder schon aus dem Haus, und dieser zeitliche Vorsprung lässt sie, ihrer Ansicht nach, alles besser wissen. Und weil sie von weit her angereist kommt, hat sie einen gewissen Abstand.

Also nehmen wir an, dass du sie zum ersten Mal siehst. Also hat deine Mutter dich vorgestellt, hat deinen Namen genannt und eine Erklärung dazu gegeben, damit die Tante sich «ein Bild von dir machen kann», wie die überaus treffende Redensart sagt.

Denn jetzt wirst du gemustert. Fremde meinen, man merkte das gar nicht. Aber man weiß es ja.

Verwandte mustern unverhohlen, die Tante vielleicht gnadenlos. Und dann verkündet sie meistens ein ebenso direktes Urteil. Vielleicht: «Schöne rote Haare. Aber was ist denn das für eine Frisur! Du bist doch nicht Pippi Langstrumpf!» Oder: «Du wirst einmal so groß wie dein Vater, das sieht man auf den ersten Blick. Aber hat dir noch keiner gesagt, dass man sich auch die Ellbogen bürsten muss?» Oder: «So läufst du rum? In so einem Aufzug lässt deine Mutter dich auf die Straße?» Oder: «Steh grade! Sieh mich an! Man schaut demjenigen in die Augen, mit dem man spricht!»

Übertrieben? Die erfundene Tante sei zu gemein? Aber das

soll sie ja gerade sein! Sie ist sozusagen die Essenz aller Erwachsenen um dich herum, schaut dich mit ihrer aller Augen an, und du kannst froh sein, wenn du auch nur einen einzigen Erwachsenen in der Familie hast, der ihr – in gemilderter und gerechter Form – entspricht.

Denn sie ist dein Spiegel. Wenn du sie hörst, weißt du, was «die Leute» von dir denken und sagen.

Vielleicht wendest du jetzt ein: Aber was gehen mich die Leute an? Warum kann ich nicht sein und aussehen, wie ich bin? Das ist das andere Problem, das ich mit einer neuen Gegenfrage beantworten möchte: Wie findest du, wenn du ein T-Shirt-Träger bist, die geschniegelten und gebügelten Jüngelchen oder die aufgerüschten Mädchen mit ihrem blasierten Wimperngeklimper? Und umgekehrt: Wenn du saubere Klamotten trägst, wie findest du rasierte Schädel und Haare, zu grünen Hahnenkämmen geklebt?

Jeder Mensch möchte ein Individuum sein, eine unverwechselbare Person. Aber viele Menschen möchten sich gar nicht erst die Mühe machen, jemand zu werden. Sie möchten gleich ohne viel Umschweife auffallen. Nichts als auffallen. Sie möchten, dass du dich nach ihnen umdrehst. Sie möchten, dass du sie bewunderst oder beneidest.

Und dann? Wenn du dich nach ihnen umgesehen hast? Dann gehst du weiter. Du hast etwas für das Auge geboten bekommen, nicht mehr. Erweckt das deinen Neid? Deine Bewunderung?

Hol unsere erfundene Tante herbei. Was will sie denn mit ihrer Kritik an dir? Sie will, dass du so genommen wirst, wie du bist, nämlich: als ein junger Mensch, als eine Person, die inmitten der Entwicklung steckt und mehr ist als nur die äußere Hülle. Die Tante weiß nur zu gut, dass du noch nicht fertig, dass du erst auf dem Wege bist, und sie möchte nicht, dass dich andere missverstehen. Oder dass du dich durch die manchmal verlockenden extremen Uniformen in Richtungen treiben lässt, die dir nicht gemäß sind.

Also möchten die Tante und ich und die meisten Eltern, dass der erste Eindruck, den unsere Kinder auf Fremde machen, keine falschen Vorstellungen weckt. Nicht abschreckt, nicht lächerlich ist. Nicht genau dem widerspricht, was du bist. Das wiederum kann die Tante vielleicht wirklich schon einschätzen, du aber noch nicht, weil sie Distanz zu dir hat, du aber mitten im Kampf um dein wahres Ich steckst.

Deshalb sind Tanten unserer ausgedachten Art so viel besser als Eltern und Großeltern, die oft zu dicht an dir dran und zu sehr in deinen eigenen Kampf verwickelt sind.

Körperhygiene oder Wohin mit dem Körpermüll?

Aber wenn die Eltern sagen: «Achte auf dein Äußeres!», so haben sie Recht. Wie du dich zum Schluss auch kleidest, die Hülle und der Körper unter dieser Hülle müssen sauber sein. Samt Haaren, Nägeln und Achseln. Das bedeutet: geputzte oder gewaschene Schuhe, heile Socken, keine aufgeplatzten Hosennähte, keine aufgerissenen hängenden Rock- oder Mantelsäume, keine angegammelten Blusen- oder Hemdenkrägen. Keine abgerissenen Knöpfe, nichts Ungebügeltes, was der Stoffqualität nach gebügelt sein sollte.

Sauberkeit in allen Dingen, weil der Mensch eine chemische Fabrik ist. Unser Körper produziert unentwegt Neues. Das Alte wird abgestoßen und ausgeschieden, als Schweiß und Schuppen und Schleim und Kot und Urin. «Alles raus, was keine Miete zahlt!», sagte meine Großmutter, wenn sich ihre Urenkel ihrer Ansicht nach ausreichend erleichtert hatten. Manche von diesen Ausscheidungsprodukten riechen, und je älter sie sind, je mehr Bakterien sich zum Beispiel auf unseren Schweiß stürzen, um ihn im ewigen biologischen Kreislauf wieder in seine Bestandteile zu zersetzen, desto mehr deutlich wahrnehmbare

Gerüche werden frei. Da sich diese unter den Achseln und im Genitalbereich meistens erst in der Pubertät entwickeln, nimmt man an, dass sie in Urzeiten, als die Erde noch dünn besiedelt war, als eine Art sexuelles Signal gewirkt haben. Man roch sich. Eine Horde nahm die andere via Nase wahr. Oder ein Männchen das einsame Weibchen am Bach, und wenn sie sich wirklich riechen konnten, wurden sie, wer weiß, vielleicht deine oder meine Urelten. So nützlich war es damals, einen starken Geruch zu haben.

Nun hat dieser biologische Trick der Natur lange genug sehr gut funktioniert. Aber mittlerweile sind wir sehr viele geworden, leben dicht beieinander und bewegen uns auf engstem Raum. In Schulfluren, in Lifts, in Bussen, im Flugzeug. Und wenn jemand die Arme hebt, um zum Beispiel seine Tasche oben in dem Klappenfach zu verstauen, wölkt er die ganze Kabine mit seinem entwicklungsgeschichtlich überflüssig gewordenen Signalduft ein.

Ich denke nicht mehr entzückt: Oh, ein Mensch! Ich denke: Kann sich der Kerl kein anständiges Deo kaufen?

Weil wir uns also nicht mehr riechen müssen, um als Gattung zu überleben, müssen wir uns mindestens einmal am Tag ordentlich waschen, damit unsere Gattungsgenossen durch unseren Duft nicht fast ersticken.

Reicht Waschen mit Wasser und Seife? Wer den ganzen Tag in der einen und einzigen Kluft steckt, muss vermutlich mehr benutzen. Das Tückische ist nämlich, dass man sich selber nicht riecht. Oder kaum. Und weil es den meisten Menschen peinlich ist, einem Mitmenschen zu sagen: «Herzchen – du müffelst!», stinken leider mehr Leute, als nötig wäre.

Es ist also konsequent, auf jeden Fall vorzusorgen. Aber: Manche Deos stinken noch scheußlicher als Schweiß, vor allem, wenn sie mit ihrem Chemiegeruch den Menschengeruch nur überdecken sollen. Das nannte unser alter Hausarzt: Rippe mit Parfum.

Deshalb sollte man anständige kosmetische Hilfen ausprobieren. Man kann die Sache mit der Mutter oder mit Klassenkameraden oder mit einem Drogisten oder Apotheker besprechen. Oder das einfachste und am wenigsten aggressive und, ich glaube, billigste Mittel benutzen: einen so genannten Mineralstein. Sauberkeit ist jedoch nicht nur Achsel-Sache. Sie betrifft, wie schon gesagt, den ganzen Menschen samt seiner Verpackung. Sie sollte alles umfassen, von den Haaren und Ohren, von den Zähnen und Fingernägeln bis zu den Knien, Ellbogen und Zehen, von den Bändern, Klemmen und Schleifen um die Haare bis zu den Strümpfen. Wer sich die Fingernägel oder Zehennägel lackiert, muss trotzdem darunter sauber machen. Und wer barfuß oder ohne Strümpfe läuft, muss sich abends die Füße bürsten.

Für alles gibt es bewährte Reinigungsmethoden. Sie sollten befolgt, aber nicht übertrieben werden. Und sie sollten nicht in der Öffentlichkeit stattfinden. Wer sich erst in der U-Bahn oder im Bus die Mähne bürstet, dass die Schuppen und die ausgegangenen Haare fliegen, oder sich den Dreck unter den Fingernägeln herausbohrt, wer sich dort die Nase von den nächtlichen Popeln befreit und diese durch die Gegend zwirbelt, und so weiter, und so weiter, der erregt Ekelgefühle bei den armen Mitfahrenden, die diesem Körpermüll oft gar nicht ausweichen können.

So gebietet die Rücksicht-Regel, öffentliche Putz-Orgien zu unterlassen.

Sauberkeit sollten auch die Dinge zeigen, mit denen du umgehst. Früher wurden Schulhefte und Schulbücher in blaues Papier eingeschlagen, damit sie säuberlich und fettfleckfrei blieben. Schreib- und Zeichengeräte, Handwerks- und Handarbeitszeug werden ebenfalls pfleglich behandelt und reinlich gehalten. Nicht nur, weil ihr Zustand Rückschlüsse auf den Charakter des Benutzers erlaubt, sondern aus einem ganz praktischen Grund: weil man Zeit spart; gleich mit der Arbeit beginnen kann; und vor allem nicht die besten Ideen beim fieberhaften Suchen und Putzen wieder vergisst.

Das Kleidungsdilemma

Wie ist das überhaupt mit der Kleidung?

Das ist ein schwieriges Kapitel, weil es heute mehr Beliebigkeiten als Regeln gibt. Also beginnen wir mit der Frage: Was hast du an? Das, was dir gefällt? Was bei den anderen in der Klasse gerade Mode ist? Was deine Familie nett und anständig findet? Was du im Fernsehen, in Modezeitschriften oder in der Disco gesehen hast?

Es gibt so viele Möglichkeiten, dass aus der schlichten Notwendigkeit, sich mit verschiedenen Lagen Stoff vor der Witterung zu schützen, ein Problem werden kann.

Und du wirst sehen, dass die erste, die eigentlich selbstverständlichste Möglichkeit die komplizierteste ist.

Warum? Weil du dann – wenn du trägst, was dir gefällt – unter Umständen alle gegen dich hast. Deine Freunde finden dich abartig. Die Familie steht eh Kopf, wenn man sich nicht familienmäßig anzieht. Die Bekleidungsindustrie sagt, sie ginge Pleite, wenn wir nicht brav das kauften, was sie uns bietet.

Bei den weiteren Möglichkeiten gibt es wieder andere Probleme. Du musst also entscheiden: Wem gebe ich nach? Wem passe ich mich an? Und warum sollte ich das überhaupt tun?

Wenn du darüber nachdenkst, merkst du bald, dass du, wie wir alle, in der Klemme steckst. Denn wenn du dir das anziehst, was gerade schrill und fetzig ist, drehen sich vielleicht die Leute auf der Straße um. Aber damit tust du nicht im Geringsten etwas Originelles. In unseren Städten sitzen die schrillen Typen zu Dutzenden auf den Marktplätzen herum, alle an derselben Stelle, und wenn sie ein Kind oder eine alte Frau erschrecken können, sind sie glücklich.

Das wäre also nichts als Anpassung an das Unangepasste.

Man muss einfach erkennen und sich eingestehen, dass man in dieser Kleider-Angelegenheit nicht frei ist. Natürlich will man von seiner Gruppe, von seinen Freunden anerkannt werden. Deshalb muss man sich entsprechend kleiden. Aber vielleicht liebst du ja auch deine Familie. Sind sie weniger wert als deine Schulkameraden? Und selbst wenn du deine Alten augenblicklich nicht liebst, so bist du ihnen anstandshalber etwas Dankbarkeit schuldig. Wer zahlt dir denn deine Klamotten? Wer zahlt Essen und Trinken und Wohnen und Disco und Ferien und Sport und was weiß ich noch alles? In den Hamburger Grundschulen gibt es Kinder, die achthundertfünfzig Mark Taschengeld kriegen. Pro Monat.

Also: Aus Liebe oder aus Höflichkeit oder aus Berechnung solltest du, wenn du mit den Eltern oder Großeltern oder Stiefeltern oder Partnern deines einen Elternteils zusammen bist, das anziehen, was in ihren Kreisen in ist. Aus welchem Beweggrund du das auch tun würdest: Sie freuen sich. Sie sind zufrieden. Die Stimmung in der Gruppe ist freundlich und locker.

Damit enthüllt sich das Grundprinzip dieser Angelegenheit und gleichzeitig sein Geheimnis. Erstens: Man kleidet sich dem Anlass entsprechend. Dabei wird dieser Anlass durch die jeweilige Gruppe oder den gesellschaftlichen Rahmen bestimmt – denk an Schulfest oder Theater oder Großvaters Jubiläum oder Faschingsfeten oder Empfang beim Bundespräsidenten. Zweitens: Eine ihnen gefällige Kleidung nimmt andere für uns ein.

Das Wie der angemessenen oder unangemessenen Kleidung zeigt ja erst mal deine Umgebung, alle Erwachsenen um dich herum, deine Eltern.

Wie findet man den eigenen Stil?

Irgendwann wird dir auffallen, dass auch diese sich anders kleiden als andere. Es wird dir auffallen, dass es auch innerhalb einer Gesellschaftsgruppe, also innerhalb der Gleichen, starke Unterschiede gibt. Manche hängen mit Geld zusammen, andere mit Moral. Das heißt: Manche meinen, es müsse von allem das Teuerste und Neueste sein, sonst gelte man nichts. Andere meinen dagegen, es sei sündhaft, sich das ganze Geld, das man besitzt, an den Leib zu hängen. Man könne mit diesem Geld sehr viel Besseres machen.

Irgendwann wirst du verfolgen, wie viel Berechnung in der Art stecken kann, wie sich ein Mensch kleidet: Bind ich mir einen Schlips bei der Bewerbung um, so hab ich eher Chancen, eingestellt zu werden. Zieh ich mich wie eine Pfingstrose an, so hab ich Chancen, dass ich den Männern auffalle. Zieh ich mich zum Geburtstag der Erbtante wie ein kleines braves Mädchen an, so bedenkt sie mich vielleicht im Testament. Irgendwann wird dir vor allem auffallen, dass die Erwachsenen nicht immer die besten Vorbilder sind. Sie laufen tagaus, tagein in einer Art von Freizeitsäcken herum. Sie zeigen sich im Sommer so halb nackt, wie sie schon an den internationalen Stränden keine Augenweide sind.

All diese Eindrücke beeinflussen dich. Aus allen kannst du Konsequenzen für dich ziehen. Du musst nur nachdenken. Und irgendwann wirst du merken, ob dich das ganze Thema interessiert oder nicht. Wenn nein, dann kleide dich so, wie es bei euch üblich und normal ist, und sorge dafür, dass alles heil und sauber ist, was an dir hängt.

Wenn ja, stell dich vor einen mannshohen Spiegel und betrachte dich gnadenlos. Was steht dir wirklich? Was kannst du dir leisten? Ist Schwarz bei dir wirklich schick, oder siehst du darin aus wie Draculas Enkelkind? Lassen dich Längsstreifen tatsächlich dünner erscheinen, wie es in allen Modebrevieren steht, oder siehst du dann eher aus wie ein Lattenzaun mit Zwischenräumen? Probier lieber alles aus und glaub nichts unbesehen. Vertraue keinen angeblichen goldenen Regeln. Registrier lieber, in welchen Sachen du dich so wohl und sicher fühlst, dass du ohne Zögern aufstehen und vor Fremden eine Rede halten könntest.

Das nennt man: seinen eigenen Stil finden. Du wirst nicht ewig beim gleichen Stil bleiben, weil sich dein Körper ändert und auch die Mode. Aber du hast das Prinzip entdeckt, wie du zwischen gehorsamer Anpassung an die Konvention und geflissener Anpassung an deinesgleichen deinen eigenen Weg durch den Mode-Konsumterror finden kannst.

Moden kommen und gehen. Wie nackt die Damen in ägyptischen Königspalästen herumgelaufen sind, zeigen Wandreliefs aus dieser Zeit; in der Bibel kann man in den Kapiteln über das Goldene Kalb nachlesen, dass Männer damals schon Ohrringe trugen. Und so weiter, und so weiter.

Moden mitzumachen bringt Spaß. Sich Moden zu unterwerfen ist töricht und teuer, und das bezieht sich nicht nur auf Geld. Der nächste Schritt: Der Wohlgekleidete begibt sich in die Gesellschaft anderer. Das nächste Thema also: Der Umgang mit anderen.

Die vielen Gesichter
der Höflichkeit

Egoismus ist out, Hilfsbereitschaft ist in
Wann sagen die Erwachsenen «Der ist aber nett! Der ist aber wohlerzogen!»?

Unter welchen Umständen und wie bringt man selbst einen Griesgram fast zum Lächeln?

Wann findest du selbst einen anderen fremden Jugendlichen so, dass du ihn kennen lernen möchtest? Meine Großmutter sagte in einem solchen Moment immer: «Den möcht ich zum Tee einladen!» Was ist also der Trick beim Tee?

Ich antworte mit zwei Geschichten von Großmüttern von heute. Die Enkelkinder der ersten Großmutter leben in verschiedenen Gegenden Deutschlands. Zu ihrem 75. Geburtstag gab es ein Familienfest. Es kam unter anderem die Enkeltochter aus Berlin, quirlig, laut, völlig von sich überzeugt, aber so süß und anschmiegsam, wie es die Tanten und Großmütter lieben. Es kam der Enkelsohn aus München, auch zehn Jahre alt, stumm und zurückhaltend, weil ihm die Cousine immer schon vor der Nase weg alles beantwortete und erledigte und sich strahlend in die Arme warf, die sich eigentlich ihm geöffnet hatten. «Na», fragte ihn die Großmutter nach dem Fest, «wie fandest du denn deine Cousine?»

«Ich hasse sie!», antwortete der Junge. «Ich hasse sie, ich hasse sie.»

Die zweite Geschichte spielt in einem Bus, in dem Großmutter und Enkeltochter, zwölf Jahre alt, in die Ferien fuhren. Sie sahen, wie der Busfahrer einer alten Frau, die offensichtlich mit ihrer Tochter und deren Sohn reiste, beim Einsteigen half und ihr das Gepäck in den Bus schaffte. Sie sahen, dass er ihr – ebenfalls ungebeten – auch beim Aussteigen half und ihr die Beutel und Taschen wieder aus dem Bus schleppte. Dies Gepäck stellte er dann vor den Jungen, der neben der Großmutter stand, und sagte: «Danke schön, dass du mir so nett geholfen hast. Jetzt musst du deiner Großmutter alleine weiterhelfen. Ich hab mit meinem Bus noch genug zu tun.»

Der Junge wurde knallrot, und seine Mutter stürzte sich auf ihn, streichelte ihn tröstend und warf dem Busfahrer einen bitterbösen Blick zu.

«Also nee –», sagte die Enkelin, «so lernt der das aber nie!» Und als sich herausstellte, dass sie mit ihrer Großmutter am Mittagstisch der Ferienpension neben dieser anderen Familie sitzen sollte, weigerte sie sich. «Neben solchen Leuten will ich nicht mal sitzen!», sagte sie.

Die Moral von diesen Geschichten? In beiden sind die handelnden Personen Egoisten, ja Egozentriker.

Ein Egoist ist selbstsüchtig, dazu erfüllt von übertriebener Eigenliebe. Ein Egozentriker hält sich für den Mittelpunkt der Welt, ach was: des Universums! Beide denken nicht im Traum daran, auf andere Rücksicht zu nehmen, sondern bilden sich umgekehrt ein, sie hätten ein Recht und einen Anspruch auf die Liebe und Hilfe und Opferbereitschaft und Anbetung aller anderen.

Das funktioniert natürlich nicht. Einen Anspruch muss man sich erwerben, muss zum Beispiel für andere da sein, damit einem selbst geholfen wird.

«Wie käm ich denn dazu?», hat der Enkelsohn der alten Frau im Bus vermutlich gedacht. «Was ist falsch, wenn ich den Busfahrer das Gepäck schleppen lasse? Wir haben ihn ja schließlich bezahlt!»

Das ist nun das schlechtklassigste und herzloseste Argument. Mit Geld kann man sich außer Sachen gar nichts kaufen.

Das bilden sich zwar viele Leute ein, aber im entscheidenden Moment bekommen sie den eigenen Koffer auf die Hühneraugen geknallt und stehen so dumm da, wie sie sind. Mit Geld kann man nur erpressen oder bestechen, aber das ist ein anderes Kapitel.

Ein Jugendlicher sollte selbst seiner Großmutter helfen, und wenn ein Schaffner oder ein Busfahrer schneller ist, so sollte er sich bei ihm bedanken und ihm auf jeden Fall den Rest der Arbeit abnehmen. Aber man denkt nicht: Den hab ich bezahlt, also ist er mein Knecht!, und steht selbstgefällig daneben. Tut einer das aber trotzdem, so sollten Eltern mutig genug sein und ihm erklären, warum er sich falsch benommen hat – aber ob sie das tun oder ob sie aus falsch verstandener Liebe schweigen, ist wieder ein anderes Kapitel. Du siehst jedenfalls an der Reaktion der jugendlichen Beobachterin, dass es diese klassischen Egoisten immer schwer haben werden. Wer klug ist, wird sie spontan meiden; man sträubt sich instinktiv, einen Egoisten in die eigene Gruppe zu ziehen. Das bringt nur Ärger. Den Egoisten aber macht seine Eigenschaft einsam.

Das richtige Benehmen, die Hilfsbereitschaft in diesem Fall, besitzt also einen gesellschaftlichen Wert.

. Es kann auch einen praktischen Wert besitzen und einem Zweck dienen. Wer sich entschließt, die Hilfsbereitschaft zu den Eigenschaften zu zählen, die zur Höflichkeit gehören, kann leicht einen guten Eindruck schinden. Zum Beispiel bei der Großmama oder beim Lehrer oder später bei der verehrlichen Kundschaft. Wer einer Großmutter aber nur den Koffer schleppt, wenn es alle anderen sehen, sich jedoch daheim nicht um sie kümmert und dazu noch seinen kleinen Bruder kneift und ihm die Legosteine klaut, der hat die Sache mit dem Benehmen noch nicht ganz begriffen.

Der Vollständigkeit halber: Das gute Benehmen kann auch etwas mit Nächstenliebe zu tun haben. «Was du dem geringsten meiner Brüder tust, das hast du mir getan»», heißt es zum Beispiel im Neuen Testament. Auch um über solche Sätze nachzudenken, gingen früher mehr Christen als heute in die Kirche. Sie haben diese Worte in der Epistel oder im Evangelium des Sonntags gehört, in der Predigt wurden sie vielleicht aufgegriffen und erläutert: «Was bedeutet so eine Forderung für uns heute und hier?»

Auch solche Erlebnisse formen Konventionen, führen zu Übereinstimmungen, zur ganz normalen Hilfsbereitschaft.

Der Großmutter ist es vermutlich egal, aus welchen Beweggründen ihr jemand mit dem Koffer hilft. Sie freut sich über jede Freundlichkeit, und das ist der zweite Grund, warum Höflichkeit gut ist. Sie macht die Menschen fröhlicher. Es tut den Einsamen und Hilfsbedürftigen einfach wohl, Menschen um sich zu wissen, auf deren Zuwendung sie vertrauen können.

Kränke niemanden!

War der Junge aus dieser Geschichte ein Opfer der mütterlichen Affenliebe, so ist der süße kleine Fratz aus dem ersten Beispiel ebenfalls ein Opfer, und zwar seiner Niedlichkeit. Dadurch steht das kleine Mädchen im wahrsten Sinn des Wortes im Mittelpunkt jeder Gesellschaft. «Nein, wie ist sie herzig! Nein, was hat das Püppchen für hübsche Augen!», und so weiter. So wird man zum Egozentriker gelobhudelt.

Aber niedlich sein reicht nicht aus, um eine Person zu werden. Früher sagten die Mütter zu ihren Töchtern: «Bild dir nichts auf dein Aussehen ein. Dafür kannst du nichts! Dafür kannst du höchstens dankbar sein!»

Aber wenn jemand merkt, dass er mit ein bisschen Lockentanzen-Lassen und einem süßen Lächeln unaufhörlich verwöhnt und geknuddelt wird, und ihm keiner sagt, dass es und was daran verwerflich und gefährlich ist – so wäre er ja schön blöd, wenn er das (Puppen-)Leben nicht aus vollem Herzen genösse. Oder? Gegen diesen grenzenlosen Genuss und gegen die

Verherrlichung dieses einen Menschen spricht, dass er nicht allein mit seinen Bewunderern in einer (Puppen-)Welt lebt. Da ist – als Vertreter der stummen Masse – der Vetter mit seinem «Ich hasse sie!».

Das ist ein starkes Wort, ein leidenschaftliches Gefühl. Noch bricht es hemmungslos aus ihm heraus und zeigt, wie tief er gekränkt ist. Später wird er sich vielleicht nicht mehr die Blöße geben wollen, will nicht mehr eingestehen, dass er, der starke Mann, sich von einer albernen Frau so kränken lassen kann. Er frisst sein Gefühl in sich hinein und kriegt im besten Fall ein Magengeschwür.

Mir geht es nicht um die weitesten Folgen. Mir geht es darum, dass man an dieser Geschichte einen der Hauptbeweggründe für unsere Manieren, unseren Anstand, unser gutes Benehmen oder wie immer du es nennen willst, unübertrefflich deutlich sehen kann. Da ist jemand, der sich unhöflich und eigensüchtig benimmt. Da ist ein tief gekränkter Mensch.

Und eben um diese Kränkung geht es. Sie geschieht unaufhörlich, täglich, überall. Immer wird jemand nicht durch eine spektakulär böse Tat gekränkt, sondern durch lächerliche Kleinigkeiten. Meistens dadurch, dass sich jemand – so wie der Junge in unserer Geschichte – nicht gehörig beachtet findet. Ein anderer drängt sich vor, drängt ihn beiseite, an den Rand. Nimmt ihm ein Stück Lebensfreude, eine Möglichkeit, sich auch einen Augenblick lang zu präsentieren, auch von Tanten und Großmüttern wahrgenommen, geliebt und ein bisschen verwöhnt zu werden.

Jemand ist gekränkt, weil er im Treppenhaus nicht von einem Mitbewohner begrüßt wird. «Ich bin für den wohl Luft!»

Jemand ist gekränkt, wenn sich ein anderer im Laden an der Kasse vordrängelt. «Der soll sich hinten anstellen! Will wohl 'ne Extrawurst? Hält sich wohl für was Besseres?»

Jemand ist gekränkt, wenn ihn ein anderer nicht mit allen

Titeln und Ehrenzeichen anredet. «Er weiß wohl nicht, mit wem er es zu tun hat!»

Jemand ist gekränkt, wenn man seinen Geburtstag vergisst, wenn man sich nicht gehörig bei ihm bedankt. «Dabei habe ich doch alles für sie getan!»

Jemand ist erst recht gekränkt, wenn er übergangen wird. «Für die bin ich wohl nur der letzte Dreck!»

Aus diesen Beispielen, die du sicher ohne viel nachzudenken um das Doppelte vermehren könntest, lassen sich

Die Anstandsregeln des Alltags

herausfiltern:

Nimm deine Mitmenschen wahr. Wahre ihre Würde. Nimm auf sie Rücksicht.

Grüß die Nachbarn, die du kennst; grüß auch Fremde in eurem Haus, Vorgarten, Stiegenhaus. Wenn du auf dem Land bist, wo jeder jeden kennt, so grüß auch – noch – Unbekannte in eurer Straße. Grüß, wenn du ins Postamt oder zum Kaufmann gehst, grüß diejenigen, die dich vielleicht neugierig oder forschend anschauen.

Lass anderen den Vortritt, nicht nur denen, die damit rechnen, weil man ihnen gewöhnlich den Vortritt lässt (also ältere, würdigere, weibliche Personen), sondern auch dann, wenn du im Zweifel bist; wenn du merkst, dass es jemand eilig hat; auf jeden Fall, wenn dich jemand mit einem «Darf ich?» darum bittet. Du kannst dabei ruhig «Bitte schön!» sagen. Du kannst auch jemandem die Tür aufhalten und ihn vorlassen, wenn diese Person schwer beladen ist; einen Kinderwagen schiebt oder einen Rollkoffer zieht; behindert ist; einen Gipsarm oder ein Gipsbein hat; oder wenn dir jemand einfach gut gefällt und es dir Freude macht, zu diesem ganz Speziellen nett und höflich zu sein.

Drängel dich nicht vor. Nicht in der Warteschlange oder auch nicht im übertragenen Sinne so wie unser kleines Zuckerpüppchen. Stürz nicht ohne nach rechts und links zu sehen aus einer Tür; renn keinem knapp vor der Nase vorbei, und wenn du aus einem bestimmten Grunde so in Eile bist, dass du jemanden anrempelst, so entschuldige dich. Befolg auch auf dem Gehweg die allgemeinen Verkehrsregeln, schneide keinem den Weg ab; lauf nicht zu dicht auf; bedrängel keinen.

Entschuldigung

Entschuldige dich. Entschuldige dich, wenn du jemanden aus Versehen angestoßen hast. Entschuldige dich, wenn du dich geirrt oder etwas falsch gemacht hast. Entschuldige dich, wenn auch nur der Hauch einer Möglichkeit besteht, dass du jemanden gekränkt, seiner Rechte beraubt, beleidigt oder ihm irgendetwas anderes angetan hast, worunter er nun leidet.

Entschuldige dich lieber hundert Mal zu viel als ein einziges Mal zu wenig. Denn es gehört zur Höflichkeit, dass du die Würde und die Intimsphäre des anderen achtest, dass du ihn als Person achtest, und wenn du das nicht tust, so ist er beleidigt. Darin steckt das Wort Leid. Du hast ihm ein Leid angetan, selbst wenn du das alles nicht so wichtig findest. Du musst die Sache wieder gutmachen, sonst wird dir etwas, wie es unsere Sprache sehr plastisch ausdrückt, nachgetragen, und das vielleicht für lange Zeit. Das Verhältnis zu dem, den du ahnungslos beleidigt hast, ist also getrübt. Das bringt Spannungen in den Alltag, daraus folgen Feindseligkeiten, über die du vielleicht verblüfft, vielleicht sogar verärgert bist, und dann haben wir den klassischen Fall: Du reagierst nun auch gekränkt, und schon sind zwei Leute da, die verfeindet sind, wobei der eine keine Ahnung hat, warum. Vielleicht fällt es dir leichter, sofort und bereitwillig «Entschuldige bitte!» zu sagen, wenn du dich einmal in die Rolle des Beleidigten versetzt. Dann merkst du, wie gut es dir tut, wenn sich jemand bei dir entschuldigt, wie dein vielleicht schon aufgestauter Ärger wieder schmilzt und wie du antworten kannst: «Ach, bitte bitte, das war ja gar nicht so schlimm.» Das wichtigste beim Entschuldigen ist, dass du damit die Folgen deiner Tat auf dich nimmst. Wer sich nämlich drückt, wer so tut, als ob er es nicht gewesen wäre, als ob die Kaffeetasse von alleine auf den Fußboden gefallen wäre oder die Bananenschale, auf der deine Klassenkameradin ausrutscht, der ist verantwortungslos. Er ist ein schlechter Freund, er ist ein schlechter Klassenkamerad, denn man kann sich nicht auf ihn verlassen.

Bitte und Danke!

Sag immer Bitte und Danke. Überall. «Bitte einmal zum Marktplatz!» und «Danke schön!», wenn du den Fahrschein vom Busschaffner gereicht bekommst. Zu Haus bei Tisch: «Bitte das Brot!» und «Danke, Mami!» oder «Bitte ein Eis!» und «Danke!» fürs Wechselgeld.

Wieso Bitte und Danke? Ich hab ja fürs Eis bezahlt, und das Wechselgeld ist meins!

Hatten wir diese Geld-Logik nicht schon einmal erwähnt? Lass dir doch von dem bisschen Geld nicht gleich den Kopf vernebeln. Du bittest nicht um die Ware, du bittest einen Menschen, dir – wie die deutsche Redewendung lautet – einen Dienst zu leisten. Der Eisverkäufer hat dich gewiss prompt und höflich bedient. Dafür kann man doch danken, oder? Und wenn du auch findest, dass eine Mutter dazu da ist, dich zu versorgen, so könnte sie es ja auch sein lassen. Infolgedessen hat sie Dank verdient, wenn sie dir ein Essen kocht, wenn sie dir das Bett frisch bezieht, wenn sie dir Taschengeld gibt.

Ich bin ein Bitte- und Bitte-Danke-Mensch, weil ich genug Handarbeit, auch Drecksarbeit verrichtet habe, um die Arbeit anderer zu achten. Also haben meine beiden Söhne diese beiden Wörter vermutlich oft genug gehört. Also hörte ich die beiden, damals vielleicht vier oder fünf Jahre alt, am ersten Weihnachtstag, wie sie mit dem neuen Baggerauto herumfuhrwerkten, das sie Bauklötze transportieren ließen. Ich hörte den Kleinen sagen: «Gib mir bitte den roten Bauklotz!»

«Nein», antwortete der große Bruder.

«Gib mir bitte den roten Bauklotz!», wiederholte der Kleine. Donnerwetter, dachte ich.

«Nein», antwortete der große Bruder.

Da nahm der Kleine das Plastikauto und schlug es dem Großen auf den Kopf.

Es ist eben ein langer Weg zur vollendeten Höflichkeit.

Aber ist diese vollendete Höflichkeit denn so erstrebenswert? Wenn ich sie nur benutzen soll, um schneller und leichter an einen Bauklotz zu kommen?

Gut. Behandeln wir also das Thema:

Höflichkeit als Falle

Ein Zug, der spätabends auf dem Hauptbahnhof ankommt. Ein alter gebrechlicher Mensch, der mit einem Koffer aussteigt. Ein junger Mann, der den Alten überholt und höflich fragt: «Darf ich Ihnen helfen und den Koffer abnehmen?»

Diese Szene kann ein gutes und ein schlechtes Ende haben. Der junge Mann hilft wirklich oder: Der junge Mann ist mit dem Koffer über alle Berge, ehe der Alte Luft geschnappt hat. Was für ein Ende ist dir als Erstes eingefallen? Bist du vertrauensvoll? Misstrauisch? Sagst du: «So weit sind wir gekommen, dass man schon bei einem solchen selbstverständlichen Hilfsangebot zögert!»? Oder sagst du wie ich: Ja – eben weil wir so weit von selbstverständlicher Freundlichkeit abgekommen sind, freue ich mich über jede höfliche Geste, nehme eine Hilfe dankend an. Lächle dem Unbekannten zu, weiß ganz genau, dass er und ich mit dieser kleinen Szene nicht die ganze Welt verbessern können, spiele aber mit Vergnügen mit.

Aber ich könnte doch betrogen werden? Ja. Das wäre möglich. Das ist das allgemeine Risiko. Aber soll ich mich durch die Schäbigkeit und Schlechtigkeit anderer Leute davon abhalten lassen, so offen und dem Leben zugewandt zu sein und zu handeln, wie ich es für gut und richtig halte? Soll ich fremder Leute wegen selber verknöchern und verbittert sein, misstrauisch, geizig und ängstlich?

PS: Vertrauensvoll ist nicht vertrauensselig.

Noch ein PS zu Etikette und Knigge

Die Wörter Höflichkeit und höflich stammen aus der Vergangenheit unserer europäischen Kultur, aus der Zeit, in der Herzöge, Könige und Kaiser nicht nur seltsame Storys für Illustrierte lieferten, sondern ihre Länder beherrschten und einen Hofstaat von Männern und Frauen, die in etwa den heutigen Regierungen entsprachen. Bei *Hofe* nun benahm man sich *höflich,* gesittet, nach bestimmten praktischen Regeln. Weil sich nun so viele zum Hofe, in die Nähe des Monarchen drängten, auch in die eines fetten Postens, den dieser einem verleihen konnte, herrschte am Hofe des französischen Sonnenkönigs, Ende des 17. Jahrhunderts, ein solches Gewimmel, dass der Zeremonienmeister gar nicht mehr überblicken konnte, wer welchen Rang besaß. Wenn er das aber nicht wusste, konnte er die Rangfolge bei der morgendlichen Begrüßung des Königs, an den Speisetischen und so weiter nicht beachten. Das aber wurde damals noch viel übler genommen als heute, denn der Rang bei Hofe bezeichnete die Größe der Macht. Wie half sich der Zeremonienmeister? Er heftete den Höflingen Etiketten an die Röcke und Jacken, kleine Spickzettel, auf denen der jeweilige Rang notiert war. Daher kommt das Wort *Etikette* für formvollendete gesellschaftliche Ordnung. Diesen Hofschranzen, wie sie von den Bürgern spöttisch und auch etwas verächtlich genannt wurden, verdanken wir aber auch das tief verwurzelte Misstrauen gegen die Verlogenheit dieses höfischen Herumscharwenzelns. Der Freiherr von Knigge hat sich so darüber geärgert, dass er Ende des 18. Jahrhunderts den berühmten «Umgang mit Menschen» geschrieben hat. Darin sagt er dem braven ehrlichen Landmann und Hausvater, wie er sich – falls und wenn er von seinem Fürsten an den Hof gerufen wird – auf dem spiegelglatten Parkett der Empfangssäle im Schloss und zwischen eleganten Hofleuten zu benehmen hat, dass er sich nicht lächerlich macht.

Seitdem sind über zweihundert Jahre vergangen. Die Etikette hat den Fürstenhäusern weder ihre Macht noch ihr Ansehen gerettet, von sehr wenigen Ausnahmen abgesehen. Aber die ehrliche Grobheit dessen, der sich schon deshalb für den besseren Menschen hält, weil er von Höflichkeit und Gesittung nichts hält, hilft uns – wie man tagtäglich sehen kann – auch nicht zum Glück in diesem alltäglichen Gedrängel.

Den Hofschranzen wurde übrigens auch schamlose Speichelleckerei zugeschrieben: Speichelleckerei also fast wie bei der Fernsehwerbung. Die umgaukelt uns auch so, dass einem davon wirr im Kopf werden kann.

Wie man Komplimente macht und Kritik anbringt

Ein Kompliment ist nun die nicht übertriebene Schmeichelei; ein Kompliment ist eine Höflichkeitsbezeugung, «eine Artigkeit in Worten», wie in einem alten Konversationslexikon steht.

Wenn du jemandem ein Kompliment machen willst, so sagst du ihm etwas Nettes, um eine freundliche Atmosphäre zu schaffen. Bei jedem Menschen gibt es etwas zu loben oder zu bewundern. Du brauchst dich nur auf den Betreffenden zu konzentrieren. Wenn du dann etwas anerkennst, musst du nicht schmeicheln, musst dich aber auch nicht zu Allerweltsredensarten retten, sondern kannst genau sein. Du brauchst also nicht wie jemand mit einem Wortschatz von hundert Schrumpfsätzen nur «Cool!» oder «Spitze!» hervorzustoßen (oder was gerade als Ausdruck höchsten Entzückens in ist). Du kannst in ganzen Sätzen das aussprechen, was du empfindest oder meinst. Du kannst also zum Beispiel sagen: «Das war wirklich ein schönes Fest! Danke!» Oder: «Es gefällt mir, dass du dir die Haare abgeschnitten hast!» Oder: «Wie schön, Tante Lulu, dass du jetzt den ganzen Garten voller Rosen hast!», und so weiter. Und wenn du darin geübt bist, im Lob nicht zu abgegriffenen Floskeln zu greifen, sondern präzise das zu begründen, was dich freut, was dir gefällt, was du gut und richtig findest, dann kannst du auch Kritik so äußern, «wie es sich gehört».

Und wie gehört es sich?

Erstens so wie oben erwähnt: sachlich. Wenn du zum Beispiel kritisieren willst, dass dein Banknachbar in der Schule ständig deinen Radiergummi benutzt/einsteckt/weitergibt, so gilt deine Kritik ja nicht seiner Person, sondern nur einer einzigen Eigenschaft dieses Schulkameraden. Kritisiere also nicht deinen Nachbarn: «Du Torfkopp!», sondern seine Radiergummifummelei: «Lass bitte meinen Radiergummi in Ruhe!»

Zweitens: Äußere die Kritik überhaupt! Schluck sie nicht runter, sondern sprich sie aus! Du wirst immer wieder erleben, wie schwer es den meisten Menschen fällt, Nein zu sagen und vernünftig Kritik zu üben. Vielleicht weil sie feige sind, vor allem aber weil sie die rechten Worte nicht finden. So kannst du auch beobachten, was für quälende Folgen es hat, wenn jemand an einer unausgesprochenen Kritik schier erstickt. Das macht bitter und sauer und zickig. Also immer wieder üben, an anderen sachlich und freundlich und in Ruhe Kritik zu üben.

PS: Mäkeln und meckern ist die verzerrte Form der Kritik.

Haltung bewahren!

Ich möchte noch einen Begriff der Vergangenheit erwähnen, die *Contenance*, auf Deutsch: die Haltung.

Von ihrer allgemeinen Geltung sind ein paar Erziehungssätze übrig geblieben: «Halt dich gerade! Sitz nicht so krumm! Streck den Bauch nicht so raus!»

Das bezieht sich auf die äußere Haltung, und sie ist wichtig genug. Wer nämlich Haltung einnimmt und sich nicht gehen lässt, bezieht im übertragenen Sinn einen festen Standpunkt und sammelt seine Kräfte. Und er gibt ein Zeichen. Wenn sich jemand auf Stuhl oder Sessel halb liegend hinfläzt, als ob er kein Rückgrat besäße, signalisiert er ungewollt seine Scheu und Unsicherheit. Oder seine Abneigung. Oder seine vollkommene Unerzogenheit.

Zu Hause in den vier abgeschlossenen Wänden seines Zimmers kann sich jeder fläzen, bis die Beckenknochen knacken. Wenn man aber anderen gegenübersitzt und sich mit ihnen unterhält, so sollte man aufrecht sitzen und damit ausdrücken, dass man ihnen Aufmerksamkeit und Achtung entgegenbringt. Haltung, so könnte man sagen, ist die Grundposition der Höflichkeit.

Stell dich also im Geiste aufrecht hin. Beine und Rumpf senkrecht, Schultern zurück, den Hals frei und gerade, sodass er den Kopf ebenfalls senkrecht halten kann. Bei dieser Haltung beherrschst du bewusst deine Muskulatur und baust den Körper so in sich selbst auf, dass jedes Glied sich gut bewegen kann und nichts verklemmt ist.

Wenn du das kannst, so beherrschst du deine Bewegungen, brauchst dich nicht immer gleich besinnungslos auf die nächste Bank oder den nächsten Tisch fallen zu lassen, sondern kannst ruhig dastehen. Du weißt, wohin mit Händen und Füßen. Du brauchst nicht verlegen die Beine zu verknoten oder einen Fuß so aufs andere Knie zu legen, dass man dir in den Schritt schauen könnte.

Hast du deinen Körper im Griff, so fällt es dir leichter, auch deine Gefühle und Gedanken zu beherrschen. Du musst nicht gleich mit jedem Gedanken herausplatzen. Du hältst ihn zurück, kannst ruhig bedenken, was du von dir selbst preisgeben möchtest. Auch wie deine Emotionen auf die anderen wirken. Du musst vor allem nicht sofort auf eine Aggression reagieren. «Zähl bis zehn, ehe du zurückschlägst!», sagte mein Großvater, wenn er sah, dass mir vor Zorn der Kamm schwoll. Manchmal habe ich es geschafft. Heute brauche ich nur an diesen Satz zu denken und daran, wie oft er mir geholfen hat, weil ich immer wieder merke, dass ein höflicher Satz den anderen, der mich beleidigen oder treffen will, in die Luft schlagen lässt. Jan Philipp Reemtsma, der entführt und wochenlang in einem Keller gefangen gehalten wurde, sagte: «Es gibt zwei Möglichkeiten, Menschen aggressiv zu machen. Die eine ist, wenn man sich zu sehr unterwirft, und die andere, wenn man sie beschimpft und seinerseits aggressiv wird. Ich habe versucht, diese beiden Extreme zu vermeiden, und ich habe mich sehr höflich benommen.»

Er war höflich zu seinen Kidnappern, hat Haltung auch im extremsten Fall der tödlichen Bedrohung gewahrt.

Zur Haltung gehört ein zweiter Begriff:

Die Ordnung.

In unserer Kirche ist wie in vermutlich allen anderen auch in der Nähe der Eingangstür ein Regal, in dem die Gesangbücher aufbewahrt werden. Fast jeden Sonntag kommt ein Junge in die Messe, der dort hinten neben dem Regal hocken bleibt. Nähert sich ihm ein Kirchgänger, so zieht er eilfertig ein Gesangbuch heraus, nie eins nach dem anderen, sondern nach einem unerklärlichen Plan abwechselnd aus verschiedenen Regalen, und je mehr Bücher er ausgibt, je leerer die Reihen werden, desto unsicherer scheinen seine Bewegungen zu werden. Kaum ertönt die Orgel, kaum singt die Gemeinde das erste Lied, beginnt er die restlichen Gesangbücher unaufhörlich zu ordnen und neu zu ordnen. Steht zwischendurch auf und kniet nieder, wie es die Ordnung der Messe erfordert, aber sowie nur zugehört werden muss, stapelt er Gesangbücher von rechts nach links, dann quer, dann nach der Farbe der Einbände, dann in jedem Fach nur drei, und wenn das nicht aufgeht, wird durchgezählt und ein neuer Divisor gesucht, bis der letzte Orgelklang vertönt.

Das ist ein von Ordnung fast zwanghaft besessener junger Mensch. Vielleicht wird er später ein Beamter, dem die Ordnung seiner Aktendeckel wichtiger ist als die Menschen, über die in diesen Akten entschieden wird. Vielleicht waren diejenigen unserer Gesetzgeber als Kinder genauso, die dazu beigetragen haben, dass heute schätzungsweise achthunderttausend Gesetze unseren Alltag bestimmen statt der vielleicht zwanzigtausend, mit denen die Bundesrepublik Deutschland 1949 begonnen hat. Vielleicht wird so ein Kind ein Vater, der von seinen Kindern vor allem Ordnung fordert, Ordnung nur der Ordnung wegen. Und weil solche Väter und Mütter nicht selten sind, weil auch zu allen Zeiten die Regierungen der Unterdrücker und Zwangsherrscher auf eisern eingehaltener Ordnung beruhen müssen, wenn sie nicht zusammenbrechen sollen, ist die Ordnung bei vielen Menschen verhasst und allgemein in Verruf gekommen.

Zu Unrecht. Deshalb habe ich die Geschichte von den immer neu geordneten Büchern erzählt. An ihr kann man erkennen, wo der Scheideweg zwischen der sinnvollen und der krankhaften Ordnung beginnt.

Denn du kannst von dem Gesangbuch-Jungen sagen: Der ist verrückt! Du kannst aber auch in seinem scheinbar sinnlosen Hinundherschieben den letzten Rest der kleinkindlichen Versuche erkennen, sich die Welt ordentlich einzuteilen, um sie zu verstehen. Jedes Kind spielt. Jedes Kind ordnet sich dabei Holzklötze, leere Schachteln, Knöpfe – was es halt in die Finger kriegt. Es ordnet die Tiere der Arche, die Spielkarten des Memorys, die Legosteine, die zusammenpassen – das sind schon erste Abstraktionen.

Amerikanische Forscher sagen, dass bereits der Säugling Sinneseindrücke ordnet und weiß, das ist Mensch, das ist Tier. Die Welt ist so verwirrend vielfältig, dass wir Ordnungsformen brauchen, um einen festen Halt zu gewinnen.

Ordnung ist also nichts als ein Hilfsmittel. Sie spart Zeit. Man muss nicht jedes Mal wieder von vorne beginnen, man kann sich auf die vorhandenen Ordnungsformen verlassen. Das bezieht sich nicht nur auf etwas so Wissenschaftliches wie die Ordnungs-Systeme der Elemente, der Tier- und Pflanzenwelt oder etwas so Abstraktes wie Mathematik.

Es bezieht sich auf etwas so Praktisches wie die Ordnung unserer Gesellschaft, auf die Ordnung der Umgangsformen, die Ordnung der Bestecke auf dem Tisch.

Bleiben wir bei Messer und Gabel. Deine Mutter sagt: «Deck bitte schon einmal den Tisch.»

Wie lange würde es dauern, wie lückenhaft wäre das Ergebnis, wenn die Besteckteile unsystematisch und überall aufgehoben würden, statt ordentlich in einer deshalb so genannten Besteckschublade. Sie entspricht eurer Familien-Ordnung. Du kannst also blindlings in ein bestimmtes Fach greifen und hast die Nachtischlöffel oder was immer du suchst.

«Manchen Kindern ist die Ordnung angeboren», sagen die Erwachsenen und meinen die Ordnung, die auch die ihre oder die allgemein befolgte Ordnung ist. Ich glaube, dass jeder seine Ordnungs-Regeln im Lauf der Kindheit einübt und dann ganz unbewusst allgemeine Ordnungs-Formen einbaut. Dabei kommt es zu Krisen, wenn sich die persönlichen Ordnungsvorstellungen von den allgemein geübten unterscheiden, aber meistens pendelt sich das ein. Nach und nach erkennen wir so unseren Platz in der geordneten Welt. Und das wiederum verleiht Sicherheit; wer sich seiner selbst sicher ist, kann sich anderen gegenüber sicher und locker verhalten. Das macht es aber auch leichter, höflich zu sein, ohne sich, wie die Redensart heißt, «etwas zu vergeben». Man anerkennt dadurch den berechtigten Platz der anderen Menschen, und man gewinnt wie im selben Atemzug den Anspruch auf die Anerkennung und auf die Höflichkeit der anderen.

Eduard Mörike schrieb in seinem Gedicht «Rückblick» in Bezug auf «des Lebens Ordnung»:

«... den schreckt sie nimmermehr,
der einmal recht in seinem Geist gefasst,
was unser Dasein soll ...»

Das ist für jedes Dasein anders zu beantworten, aber wer zu dieser inneren Ordnung gefunden hat, wird nicht von zufälligen Entscheidungen und Reaktionen mal in diese, mal in jene Richtung geführt. Er hat seinen roten Faden, und selbst wenn er sich ablenken lässt, wenn er andere Spielarten seiner Ordnung ausprobieren will, leuchtet sein roter Faden so deutlich wie ein Rettungsseil zu ihm selbst zurück. Ordnung ist außerdem eine unerlässliche Voraussetzung für das soziale und das wirtschaftliche Leben, und wenn du deine Umwelt betrachtest, so siehst du, dass sich auf dieser Grund-Ordnung andere Ordnungsformen aufbauen, ob es die einer Fußballmannschaft oder eines Orchesters ist. Oder die Ordnung des Bestecks und der Besteckschublade, siehe oben.

Zu den Ordnungsformen gehört schließlich

Die Pünktlichkeit.

Das leuchtet ein. Denn ich kann nur eine Ordnung bei Tisch, in einer Gesellschaft, in der Schule, im politischen Leben einhalten, wenn ich dazu beitrage, dass auch die Ordnung der Zeit berücksichtigt wird.

Pünktlichkeit gehört zu den Konventionen, zu den Übereinstimmungen der Gesellschaft. Sie ist keine Privatsache. Sie kommt mir immer als das erstaunlichste Zusammenspiel aller kulturellen und technischen Menschenleistungen vor. Ohne Minuten-Pünktlichkeit kein Bahn- oder Busfahrplan. Ohne Sekunden-Pünktlichkeit keine Mondlandung, kein Sondenflug zum Mars. Ohne Pünktlichkeit in der Musik kein Heavymetal und kein Mozart. Ohne Pünktlichkeit in der Küche keine Konditorkunstwerke und kein vernünftiges Mittagessen.

Und ohne Pünktlichkeit in der Schule kein guter Unterricht und kein vernünftiges Lernen. Sei also pünktlich, schon aus Rücksichtnahme auf und Respekt vor denjenigen deiner Lehrer und Klassenkameraden, die pünktlich sind und die dein Zuspätkommen aufhalten, stören und verärgern würde (wer bist du schon, dass sich alle anderen nach dir richten sollten?).

Oder denk an das tägliche Mittagessen. Jemand hat Kartoffeln geschält, Mohrrüben geraspelt, aus Hackfleisch und anderen Zutaten Frikadellen geformt und so rechtzeitig gebraten, dass sie gerade lecker in der Pfanne zischeln, wenn du aus der Schule kommst. Indem du dich pünktlich zu Tisch setzt, achtest du die professionelle Arbeit des oder der Kochenden: Das ist höflich. Und du dankst auf deine Weise: Das ist erst recht höflich. Und es zeigt, wie sehr der Dank zur Höflichkeit gehört. Man könnte auch sagen: Pünktlichkeit ist beides, Höflichkeit und Dankbarkeit. Über beides freut sich der- oder diejenige, die für dich gekocht hat, auch wenn sie diese Freude nicht täglich und überschwänglich zeigt.

Die Sache mit dem Mittagessen wiederholt sich in offizieller Form bei jeder aushäusigen Einladung. Wenn du zusagst, so hast du einen ungeschriebenen Vertrag geschlossen. Die Gastgeber müssen sich darauf verlassen können, dass du ihn ebenso pünktlich einhältst wie sie. Erstens der Köche wegen, die sich gerade bei Essenseinladungen ausrechnen, wann was auf oder aus dem Herd zu kommen hat. Kommst du zu spät, ist das eine grobe Missachtung der Arbeit und Mühe, die sich die Gastgeber für dich gemacht haben. Zweitens der anderen Gäste wegen, die deinetwegen nicht ewig warten wollen, bis endlich die Suppe serviert werden kann. Die auch nichts essen mögen, was deinetwegen verbrannt, vertrocknet oder sonst wie missraten ist. Du musst nicht pünktlich sein, wenn der Gastgeber sagt: «Komm vorbei, wann du willst.» Aber falls du zur Essenseinladung doch unpünktlich bist, so entschuldige dich.

Sich zu entschuldigen fällt vielen schwer. Sie schieben anderen die Schuld zu: Der Bus fiel aus. Die Bahn kam zu spät. Der Verkehr blieb im Stau stecken. Das kann doch jedem passieren, oder?

Ja, aber gerade deshalb solltest du solche Zwischenfälle einkalkulieren, das wäre wohlerzogen und höflich. Geh zehn Minuten früher aus dem Haus. Rechne bei einem unbekannten Ziel eine Viertelstunde zum Verirren dazu. Schreib dir die Telefonnummer der Gastgeber auf einen Zettel und steck Kleingeld oder eine Telefonkarte oder dein Mobiltelefon ein, sodass du von unterwegs anrufen kannst, falls etwas Dramatisches oder Unvorhergesehenes geschieht. Dann wissen die Gastgeber jedenfalls: Du bist auf dem Weg, aber du kommst später. Sie können dann entscheiden, ob die ganze Gesellschaft auf dich warten soll oder ob sie schon mit dem Essen beginnen. Und falls du verschlafen oder dich verbummelt hast, gib Nachricht, sodass derjenige, der ab einer bestimmten Zeit mit dir rechnet oder auf dich wartet, Bescheid weiß (und sich keine unnötigen Sorgen macht).

Und entschuldige dich! Wir glauben an die Freiheit des Willens. Zu dieser Freiheit gehört aber auch eine Verpflichtung. Wenn du die Freiheit besitzt, dich zu entscheiden, so musst du auch die Folgen tragen. Also musst du zu deinen Taten und Handlungen stehen. Du bist selber daran schuld, wenn du zu spät kommst. Und sag nicht in diesem gewissen beleidigten Ton: «Sorry!», sondern versuch es einmal mit: «Oh, entschuldigen Sie bitte!»

Auch hier kommt es auf das «Bitte!» an.

Ein schöner altmodischer Merkspruch: Pünktlichkeit ist die Höflichkeit der Könige.

Wer also pünktlich ist und Ordnung hält und Haltung bewahren kann, der wird bei Tisch, vor allem an fremden Tischen, keine großen Probleme haben. Und damit kommen wir zu den Essmanieren.

Bitte zu *Tisch!*

Die Essmanieren: eine Art Visitenkarte

Nichts wird einem so gnadenlos angekreidet und nachgetragen wie das, was die anderen als Unmanierlichkeit bei Tisch bezeichnen.

Ein Kind, das nicht darauf wartete, bis die Hausfrau und Tante den lieben Gästen anbot, sondern das voller Essenslust sofort nach der Schüssel griff, die vor seiner Nase stand, brachte den Eltern ganz allgemein und für ewig den Vorwurf ein, sie könnten ihre Kinder nicht manierlich erziehen. Eine junge Frau, die beim ersten Mal am Tisch der künftigen Schwiegereltern quer über denselben griff, statt manierlich zu fragen: «Kannst du mir bitte die Kartoffeln reichen?», und die noch dazu Messer und Gabel so packte, wie es Wilhelm Busch bei Bauer Bolte gezeichnet hat: Griffe in die Faust, Zinken und Schneide senkrecht wie eine Fahnenstange – also die Arme ahnte gar nicht, was sie sich eingebrockt hatte. Selbst Thomas Mann, einer der berühmtesten deutschen Dichter, wurde vor Abscheu ganz nervös, als sein Schwiegersohn Gustaf Gründgens, auch kein unberühmter Mann, das Frühstücksei nicht aufklopfte, sondern köpfte. Oder umgekehrt. Auf jeden Fall: unmanierlich.

Und einer meiner wohlbekannten Verleger lud sich die Personen, die er für wichtige Positionen einzustellen plante, erst einmal zum Mittagessen ein. Einer, der dieses Examen erfolgreich bestanden hatte, sagte später: «Es gab köstliche Sachen. Aber als ich dann sah, dass er selber kaum etwas aß und sich nur irgendwelche Pastillen in den Mund warf, blieb mir das Essen fast im Halse stecken.» Der Verleger sagte später von dem betreffenden Mahlzeit-Geprüften: «Ein guter Mann. Obwohl er sehr gefräßig ist.» Unmanierlich gefräßig.

Aus diesen Szenen lassen sich Schlüsse ziehen und Verhaltensregeln ableiten.

Erstens: Keiner sollte von einem Kind verlangen, dass es schon alle Regeln beherrscht. Das wird schon noch kommen. Und vor allem sollte man ihm die kindlichen Missgriffe nicht sein ganzes Leben lang wie Charakterfehler nachtragen.

Zweitens: Der jungen Frau könnte ihr Freund irgendwann einmal sagen oder gesagt haben: «Also bei uns im Allgemeinen ist es so und so üblich!» Es wäre falsche Rücksichtnahme, wenn er sie so und immer wieder in ähnliche Situationen tappen ließe. Oder will er sie absichtlich lächerlich machen?

Drittens: Wie man ein Ei öffnet, ist vollkommen schnuppe, solange man weder sich noch Tischtuch und Nachbarn bekleckert. Im Barock – das kann man auf manchen dieser prachtvollen holländischen Gemälde sehen – lag das gekochte Ei in einer kleinen Wanne aus Steingut oder Silber, die einen Fuß besaß. Und es wurde offenbar aufgeschlagen. Jede Zeit hat also auch ihre Eier-Sitten. Die beste und höflichste Eierregel überhaupt (für die Hausfrau und die Gastgeber): Eier so kochen, dass ihr Weiß einem nicht wie Wasser entgegenrinnt und das Dotter nur gerade gestockt ist. Das muss man eben üben.

Viertens: Verleger und andere Chefs denken sich gern solche Tests aus. Das muss man wissen, und wenn man scharf auf den Job ist, muss man sich danach richten. Immer wieder – ob beim Streit oder wie hier im Kampf ums Dasein – bestätigt sich der Satz: Ein nach allgemeiner Ansicht korrektes und höfliches, ruhig etwas altmodisches Benehmen ist von Vorteil.

Um bei meinem Exverleger und ähnlichen Chefs zu bleiben: Gleichgültig, ob man sich für formvollendet und sicher hält, würde ich mich vor solchen Tests bei Kollegen oder bei der Sekretärin erkundigen, wie man es in diesem Betrieb mit dem Benehmen hält. Das ist kein Zu-Kreuze-Kriechen, denn diese Benehmens-Varianten haben nichts mit Charakter zu tun. Man erkundigt sich nach Spielregeln, weiter nichts. Und wenn sie verschroben sind, braucht man sie ja nicht zu akzeptieren. Mein Exverleger war auch klug genug, um die wonnevolle Gefräßigkeit nicht gegen meinen Kollegen zu verwenden. Nur: Wenn dieser in seinem Beruf nicht besser als die Konkurrenten gewesen wäre, hätten die Essmanieren vielleicht den Ausschlag für eine Ablehnung gegeben.

Das waren vier Beispiele. Ihr und ich könnten sie noch vermehren und über die Verrücktheit von Menschen und Manieren herzlich lachen. Aber sind wir selber gänzlich frei von solchen Marotten? Zucken wir nicht auch bei bestimmten Gesten zusammen, Gesten, die vielleicht so nebensächlich sind wie nur etwas?

Das liegt, glaube ich, an Folgendem: In uns will etwas, dass wir uns von den anderen unterscheiden, wobei «wir» heißt, ich und die Meinen. Instinktiv werden Unterscheidungsmerkmale gesammelt, vielleicht erben wir die ersten von den Eltern, reichern sie später in der Schulzeit an und benutzen zum Schluss einen Schatz von unbewussten Geheimzeichen. Sie besiegeln das Wir-Gefühl, sie haben nichts mit Logik und Sinn zu tun. Das Bedürfnis nach ihnen ist aber uralt, vielleicht so alt wie die menschlichen Gesellschaften.

Deshalb wird so ein Gewicht auf die Manieren beim Essen gelegt, bei denen man jede Bewegung so leicht und einfach in Falsch und Richtig einteilen kann. Deshalb muss man diese Falsch- und Richtigregeln kennen. Wie die Regeln beim Fußball oder Schach. Fangen wir bei den Frühstücks-Regeln an.

Vom Frühstück und wie man es nicht essen sollte

Zwei junge Leute betreten den Frühstücksraum eines nicht sehr großen Hotels. Keiner grüßt beim Hereinkommen. Einer schiebt sich das T-Shirt hoch und kratzt sich am nackten Bauch.

Beide setzen sich. Der eine rutscht mit dem Hintern halb vom Sitz und gähnt mit offenem Mund. Der andere kratzt sich nun ausgiebig den Kopf. Die Kellnerin tritt zu ihnen und fragt: «Was darf ich den Herren zum Trinken bringen?»

«Kaffee!», sagt der eine.

«Auch», der andere.

Dann schieben sie sich ans Büfett und beladen sich die Teller, bis nichts mehr drauf geht. Wieder am Tisch stemmen sie den rechten Ellbogen auf, legen den linken Unterarm quer vor sich auf den Tisch und heben die linke Hand nur, wenn etwas von den verpackten Frühstückszutaten aufgerissen werden muss. Sie behalten dabei das Messer in der Hand, bohren damit im Butterpäckchen oder Käsekästchen herum und lecken die Marmelade von der Klinge. Und so weiter.

Diese Szene habe ich mir nicht ausgedacht. Ich habe sie im Mai letzten Jahres erlebt und mir alles so genau eingeprägt, weil ich schon über dieses Buch nachdachte und weil die beiden wie in einem Kasperletheater vorgeführt haben, wie man es nicht machen sollte.

Was und warum nicht?

1. Wer als Fremder, als Neuer, in eine Gruppe kommt, sollte mit einem kurzen Gruß andeuten, dass er die anderen (im Fahrstuhl; im Bahnabteil; im Treppenhaus etc.) wahrgenommen hat und keine feindseligen Gefühle hegt. Es ist natürlich sinnlos, zum Beispiel auf dem Hauptbahnhof in die wuselnde Menge hineinzugrüßen. Aber wenn es sich um einen einigermaßen überschaubaren Frühstücksraum (der erwähnte hatte sechs Tische) oder eine kleine Gesellschaft handelt, so ist ein Gruß nicht unangebracht. Er stellt nicht im Geringsten die von vielen gefürchtete Aufforderung zu einer innigen Beziehung oder zu einem stundenlangen Gespräch mit folgendem Austausch von Adressen und so weiter dar. Er ist nichts als eine freundliche Geste. Also nicht den stummen Fisch, aber auch

nicht das anbiedernde Plappermaul spielen. «Guten Morgen!» oder «Guten Tag!», mehr nicht.

2. verrichtet man seine Körperpflege nicht in der Öffentlichkeit und erst recht nicht im Speisezimmer. Beziehungsweise: Man verrichtet überhaupt Körperpflege, sodass einen der Dreck von gestern nicht noch zum Frühstück am Bauche juckt. Oder am Schädel.

3. Einer der Sätze, die Kinder von manchen Erwachsenen am häufigsten zu hören bekommen, lautet: «Sitz grade!» Ist das nötig? Ist das Schikane oder eine Marotte? Oder hat es Sinn? Es hat Sinn. Und zwar einen rein gesundheitlichen. Wer krumm sitzt, verursacht sich einen Wirbelsäulenschaden und muss es später mit Schmerzen büßen. Wer krumm sitzt, lässt den Brustkasten einsacken und streckt den Bauch heraus. Dadurch sieht ein Junger nicht nur aus wie ein Alter, dabei quetscht er sich vor allem den armen Magen, auf den ja nun beim Frühstück die erste große Arbeit des Tages zukommt und der sich vielleicht schon erschrocken zusammengekrampft hat, weil ihm ohne Vorwarnung der erste Schwupp saurer Orangensaft verpasst worden ist. Diese beiden Gründe haben also etwas mit Gesundheit zu tun. Der nächste ist der soziale Grund: Viele Menschen beurteilen die anderen, wie schon auf Seite 13 erwähnt, vom Äußerlichen her. Ja, das ist oberflächlich, aber was wollen wir machen? Unser System funktioniert so. Unsere Sinnesorgane reagieren auf bestimmte Einzelheiten wie unser PC auf Daten, die wir eingetippt haben. Also wird ein Mensch im wahrsten Sinn des Wortes im ersten Augen-Blick beurteilt. Bei sehr vielen Menschen lautet ein Beurteilungsprinzip: «Wer krumm sitzt und auf dem Stuhle hängt, der kann sich nicht benehmen und nicht beherrschen!» So. Und nun werde diesen miesen ersten Eindruck mal wieder los! Das kann Jahre dauern. Da kann man noch so tüchtig und lieb und edel und weiß der Himmel was sein, man bleibt derjenige, der zwar – sagen wir – Bleistifte er-

funden hat, die niemals abbrechen, aber sich nicht zu benehmen weiß.

4. Das aufrechte Sitzen signalisiert Aufmerksamkeit, Zugewandtheit. Es ist eines der einfachsten Symbole von Höflichkeit.

5. Der senkrechte Sitz ist eins der Mosaiksteinchen unserer neuzeitlichen Zivilisation. Wir hier in Europa haben uns einst gegen das Hocken am keltischen Feuer, gegen das geknickte Ruhen auf griechischen Liegen entschieden. Zu unserer Tafelkultur gehören Tisch und Bank und Stuhl. Das ist Konvention, von allen akzeptierte Übereinkunft. Noch gilt sie. Mag sein, dass wir im dritten Jahrtausend anders essen, aber noch sitzen die Menschen einträchtig und gesittet (also gerade) an Tischen.

6. garantiert der gerade Sitz, dass wir auch die nächste Kultur-Errungenschaft, nämlich das Besteck, korrekt handhaben können. Stemmt man sich mit dem rechten Ellbogen auf und legt den linken Unterarm vor sich auf den Tisch, so mag das sehr behaglich sein, aber es schränkt die Aktionsmöglichkeiten stark ein. Beweglich ist nur noch der rechte Unterarm, der gehoben und gesenkt werden kann. Wer frei und gerade sitzt, kann sich dagegen von den Schultern ab so geschmeidig bewegen, wie es die Sache erfordert. Also wird man gut mit allem fertig, was erhöhte Feinmotorik erfordert. Also bekleckert man sich nicht, oder nicht so schlimm.

7. erlaubt es einem die wohlgeübte Feinmotorik, den Kampf mit diesen verflixten kleinen Folien- und Metallkästchen so erfolgreich zu beenden, dass man nicht gleich wieder unter die Dusche muss, sondern die Wurst oder die Butter oder die Marmelade zierlich auf den Teller transportieren kann. Denn man isst nicht aus diesen Kästchen. Man packt Inhalte aus und auf den eigenen Teller und legt die Hülle auf einen Abfallteller oder in eine dieser unsäglichen Urnen, die meist mit einem sinnigen Spruch oder Wort versehen sind und damit anzeigen, dass sie auf solchen Abfall warten. Wohin er keinesfalls gehört: in den Aschenbecher.

8. legt man das Messer aus der Hand und auf den Teller, wenn man es nicht benutzt. Man behält es also keinesfalls in der Hand, während man mit den Fingern derselben nach der Wurst oder dem Ei oder Ähnlichem greift. Das Gleiche gilt für Gabel und Löffel.

Wie man mit dem Ei umzugehen hat, kannst du auf Seite 59 lesen. Wie aber isst man das Frühstücksbrötchen oder das Butterbrot? In den meisten Familien wird so für das Frühstück gedeckt: kleiner Frühstücksteller in der Mitte. Rechts davon Becher oder Tasse auf Untertasse mit Kaffee- oder Teelöffel. Über dem Teller: Saftglas. Links neben dem Teller: Serviette. Rechts neben dem Teller: Messer.

Gibt es Rührei oder Spiegelei oder ähnliches Warmes oder Kleines: Messer und Gabel.

Gibt es Müsli oder Haferbrei: Messer, Gabel und Löffel.

Je nach Familien-Sitte liegen Löffel und Eierlöffel oben quer über dem Teller oder gleich in der Schale oder auf dem Eierbecher-Fuß.

Brötchen oder Brot, halbiert, werden mit dem versehen, was man gerne hat, und dann aus der Hand gegessen.

Das Messer – nun nicht mehr in Arbeit – legt man auf den Tellerrand. Üblicherweise. Man bekommt jedoch manchmal ziemlich kleine Frühstücksteller, die mit einem Messer am Rande schon voll belegt sind. Das wäre misslich, also lehnt man das Messer einfach an den Rand. Keinesfalls legt man es, so butter- und marmeladenbeschmiert wie es ist, auf das Tischtuch.

PS: Das Hotel, in dem die oben geschilderte Frühstücksszene spielte, war nicht teuer. Infolgedessen waren zum Frühstück keine Servietten gedeckt. Man konnte sich kleine fitzelige Papierrechtecke aus einem Halter ziehen, die einem höchstens ein einziges Knie bedeckten und außerdem sofort vom Schoß flatterten. Sinnlose Gegenstände.

Eine Serviette sollte aus Stoff sein, und ihr Zweck beruht

darin, meine Kleidung zu schützen. Vielleicht halten die Hotels ihre Papierschnitzel, die schon vorm Benutzen Müll werden, für umweltfreundlicher als Stoffrechtecke, die nach Gebrauch in die Wäsche kommen. Das weiß man nicht.

Auf jeden Fall gehört eine anständige Stoffserviette zu jedem Essen, und sie wird ausgebreitet auf den Schoß gelegt. Die Frühstücksserviette und die für andere kleine Mahlzeiten kann klein sein. Praktisch finde ich solche, die nicht quadratisch sind, sondern rechteckig im Verhältnis 1:2, aber die Breite sollte oberschenkellang sein, sodass die Länge gut schoßbreit wird.

Für das Mittagessen und alle festlichen Einladungen kommt die große Serviette auf den Tisch. Ob man altmodische schneeweiße Damastservietten verwendet oder moderne aus schönen Baumwollstoffen oder selbst genähte bunte, ist Geschmackssache und richtet sich nach der Gelegenheit. Wenn zur Taufe deines jüngsten Geschwisterkindes gedeckt wird, glänzt wahrscheinlich alles in blütenweißem Damast, und wenn du zum Advent deckst, legst du vielleicht eine weihnachtsmannrote Leinendecke auf den Tisch und schmückst ihn mit Servietten, die mit Tannengrün bedruckt sind oder mit Engeln und Kerzen oder Lebkuchenmännern.

Wie findet man sich an einer festlich gedeckten Tafel zurecht?

Wie wir – du und deine Familie und ich und meine Familie – zu Mittag essen, ist ohnehin unsere Angelegenheit. Ob wir den Topf auf den blanken Tisch stellen oder diesen mit Spitzentüchern und Kristallgläsern und allem Drum und Dran decken, ist unsere Privat-Konvention.

Wenn wir aber einladen oder eingeladen werden, wenn wir in ein Restaurant gehen, in dem gemessert und gegabelt wird – wie ein alter Freund immer mit leisem Spott den offiziellen Aufwand nannte –, also dann gelten eben diese offiziellen Konventionen.

Sie sind gar nicht so alt. Sie hängen mit der Erfindung des Porzellans in Sachsen zusammen – das war die Zeit von August dem Starken – und mit dem allgemeinen Gebrauch der Gabel – das war die Zeit des französischen Sonnenkönigs, Ludwigs XIV.

Davor aß man mit Messer und Fingern, trug am Gürtel immer einen Löffel bei sich, tunkte ihn mit allen anderen in dieselbe Suppen- oder Breischüssel und trank zu zweit aus einem Becher. Danach und seit damals aber deckt man in ganz Europa den Tisch mit Tischtuch und Servietten, mit Porzellangeschirr und mit einem vollständigen Gedeck für jede einzelne Person. Der Sonnenkönig wurde das Vorbild für die anderen Fürsten Europas und diese wiederum für die Bürger. Und wie sich auch immer Reichtum und Macht verschoben, die Tischsitten haben alle Wechselfälle der Geschichte überstanden.

Auch wenn sie heute im Privatleben aus vielerlei Gründen nicht mehr beachtet werden, so sind sie in den Restaurants unerschütterlich wie in einem lebendigen Museum bewahrt. Das spricht dafür, dass sie praktisch sind.

Am praktischsten aber ist eben diese allgemeine Gültigkeit der Regeln, nach denen man den Tisch deckt, zu Tische geht und sich am Tisch benimmt. Man kann infolgedessen blindlings agieren. Überall liegt das Besteck so und so, stehen die Gläser da und da, kommt das Essen auf diese und keine andere Weise. Also reicht es ein für alle Mal, sich diese Grundregeln einzuprägen. Natürlich gibt es wie immer auf der Welt Ausnahmen und Sonderregeln, aber das stört keinen großen Geist, denn überall auf der Welt kann man sich diese unbekannten Regeln erklären lassen. Und überall auf der Welt kann man darauf vertrauen, dass es einem Gastgeber Spaß macht, dem höflichen und interessierten Gast die Eigenheiten seiner Lebensart zu erklären.

Wie man den Tisch deckt:

Vor jeder Person bei Tisch steht ein Teller und liegt das Besteck.

Steht der Teller auf dem blanken Tisch? In England und auch in Deutschland oft oder manchmal. Wenn man nämlich einen Tisch mit einer blank polierten Platte besitzt, möchte man diese Schönheit nicht verdecken. Sie wird lediglich vor den heißen Schüsseln und Tellern durch Sets geschützt, gleich großen und gleichartigen Platten oder Decken, so groß, dass ein Gedeck darauf Platz hat.

Meistens legt man eine Decke auf den Tisch, oft mit einer Unterdecke aus einem weichen Stoff, damit die Platte vor Knall und Kleckereien geschützt ist und die Teller nicht so klappern.

Das Gedeck besteht aus dem Teller, der Serviette und dem Besteck.

Der Teller steht in der Mitte.

Die Serviette liegt auf dem Teller oder links neben dem Teller. Das Besteck liegt rechts neben dem Teller und über dem Teller. Gibt es viele Gänge und würde sich also rechts neben dem Teller eine ganze Besteck-Ausstellung breit machen, so teilt man die Geschichte und legt Messer rechts und Gabeln links. Schlecht für Linkshänder, aber das müssen wir ertragen.

Die Regel für die Besteck-Anordnung: Man arbeitet sich während des Essen von außen nach innen durch. Du musst also erstens gar nicht nachdenken, sondern greifst unbedenklich zu, und was du greifst, ist richtig. Und du kannst zweitens auf den ersten Blick sehen, was es gibt, wie viele Gänge und was für welche. Beim so genannten kleinen Gedeck für drei Gänge (Suppe, Hauptmahlzeit und Dessert), liegen oben über dem Teller zwei Löffel: der kleinere fürs Dessert direkt über dem Teller, der Suppenlöffel darüber, beide griffbereit, was in dieser Tischsittenwelt der Rechtshänder bedeutet: die Griffe der Löffel zeigen nach rechts.

Du bekommst also den gefüllten Suppenteller hingestellt oder gereicht, greifst nach dem obersten griffbereiten Löffel, dem Suppenlöffel, isst mit ihm die Suppe, dann wird er samt Suppenteller abgeräumt.

«Ha», rufst du jetzt vielleicht, «bei uns liegt der Suppenlöffel aber immer ganz außen rechts neben dem Messer!»

Da seid ihr nicht die Einzigen. Auch in Restaurants liegen Löffel gelegentlich so wie bei euch. Das ist für den praktischen Suppen-Verzehr ziemlich gleichgültig, also ist die eine Sitte so akzeptabel wie die andere.

Um bei den Ausnahmen zu bleiben: Es gibt Familien, die decken Messer und Gabel rechts/links, wie oben beschrieben. Andere decken rechts/rechts, also: Gabel und Messer an diese eine Seite. Das nennt man in Österreich das spanische Gedeck.

Die Sitte ist demnach vermutlich von Spanien, das unter Karl V. Teil der Habsburger Monarchie war, samt anderen Sitten und Gebräuchen nach Mitteleuropa gekommen und dort geblieben. Beim spanischen Gedeck liegt also alles paarweise rechts vom Teller: Vorspeisenmesser und -gabel, ein einsamer Suppenlöffel, Fischmesser und -gabel, Fleischmesser und -gabel.

Dessertbesteck wie immer über dem Teller. Es wird ein Besteck aufgedeckt, weil manchmal nicht nur ein Löffel gebraucht wird, sondern ein Dessertlöffel und eine Dessertgabel; oder eine Dessertgabel und ein Dessertmesser.

Diese Paare werden ebenfalls übereinander und griffbereit hingelegt, wobei selbstverständlich wieder die Rechtshänder die Regel bestimmt haben: Sie müssen die Dessertmesser mit der rechten Hand ergreifen können!

Noch einmal zum Dessertbesteck: Wenn es als Nachtisch eine Creme oder rote Grütze gibt, so reicht ein Löffel. Der kommt oben quer über den Teller, Griff nach rechts. Ich bin Linkshänder, also lege ich den Griff meines Dessertlöffels nach links, und wenn ich weiß, welches Familienmitglied oder welcher Gast ebenfalls Linkshänder ist, so bekommt er den Löffel dito so griffbereit, wie er es braucht.

Wenn es als Dessert eine fabelhafte Torte gibt, braucht man

Dessertmesser und Dessertgabel. Oder ein Kuchenbesteck. Es wird oberhalb des Tellers griffbereit hingelegt. Für andere Speisen, zum Beispiel für die Schwimmende Insel, braucht man Löffel und Gabel. Dito oben quer und griffbereit.

So. Jetzt wären die Teller und das Besteck untergebracht. Was noch?

Die verschiedenen Gläser.

Die Regel ist wieder einfach: Man stellt sie rechts oben auf, in der Reihenfolge ihrer Benutzung. Also am weitesten rechts außen das Wasserglas, und dann die Weingläser, Sherry, weiß und rot, zum Schluss die Sektflöte.

Wenn es zum Essen nur Saft gibt, steht nur ein Wasser- oder Saftglas da, und wenn die Erwachsenen zum Beispiel verschiedene Rotweine trinken, stellen sie für jede Sorte das spezielle Glas hin.

Jetzt haben wir noch ein Lücke: oben links. Dahin kommt der Brotteller.

Auf ihm liegt beim offiziellen Essen ein kleines Messer für Butter. Das Scheibchen Brot, das es zur Vorspeise gibt, beschmiert man sich freilich nicht wie eine Butterstulle und beißt dann ab, sondern bricht sich einen Happen von der Brotscheibe oder vom Minibrötchen ab, streicht etwas Butter darauf und steckt den Happen in den Mund.

Brot oder Semmel zur Suppe isst man genauso bröckchenweise, nur trocken, also ohne Butter.

Das Gedeck wäre jetzt vollständig, aber je festlicher die Mahlzeit ist, desto vielfältiger werden auch das Geschirr und das Drumherum.

Beginnen wir wieder mit dem Teller. Er steht bei einem Festessen und im Restaurant gern auf einem Platzteller. Das ist ein etwas größerer Teller aus Metall oder aus Porzellan, auf den die verschiedenen Teller des Menüs gestellt werden, die nach jedem Gang gewechselt werden. Meist liegt auf dem Platzteller ein Batist- oder ein Spitzendeckchen, damit es beim Tellerwechsel nicht so klappert.

Gibt es nun eine Vorspeise, so steht der mittelgroße Vorspeisen-Teller meist gleich mit derselben auf dem Platzteller und wartet auf die Gäste.

Gibt es danach eine Suppe, so wird der Suppenteller auf den Platzteller gestellt, und so geht es über Fisch und Zwischengericht weiter bis zum Hauptgericht. Nach ihm ist die Zeit des Platztellers vorüber, und er wird samt dem Hauptspeisenteller abserviert.

Die Suppe kann auch in einer Suppentasse serviert werden. Das ist so etwas wie eine große Tasse oder kleine Schale mit zwei Henkeln, und sie steht auf einem eigenen Unterteller, auf dem auch der Suppenlöffel ruht. Ihn benutzt man auf jeden Fall, wenn es eine Cremesuppe oder eine Suppe mit vielen Einlagen ist, die man also aus der Suppentasse löffelt. Gibt es aber eine klare Fleischbrühe oder eine Ochsenschwanzsuppe, so ergreift man die Suppentassen an ihren Ohren und trinkt die Suppe wie aus einer Tasse. Aber vorsichtig, wenn die Suppe sehr heiß ist, verbrennt man sich gehörig. Besser ist es also, wenn man auch die klare Suppe zuerst mit dem Löffel probiert und sie erst trinkt, wenn keine Verbrühungsgefahr mehr besteht.

Zum Gedeck können noch alle möglichen Geschirrteile gehören, je nachdem, was es gibt.

Praktisch ist ein kleines Salzfass für jede Person.

Fischesser lieben einen Grätenteller. Er stellt ein gebogenes Oval dar, schmiegt sich sozusagen an den Fischteller und ist groß genug für den Abfall, also für Haut und Gräten einer Fischportion.

Wer gerne Spargel isst, am liebsten die ganzen Stangen mit

den Fingern, der braucht Fingerschalen und eine Extraserviette – aber das gehört zu den Dingen, die man nicht beschreiben sollte. Schau lieber zu, wie deine Eltern oder andere Gäste in einem Lokal damit umgehen.

Das Gleiche gilt für all die Leckerbissen, die heute so alltäglich geworden sind, dass sie jeder einmal auf seinem Teller finden kann: Schnecken und Muscheln, Hummer und Krebse, chinesisches Essen mit Stäbchen, italienische Spaghetti (nur mit der Gabel), Balkan-Fleisch auf Spießen.

Schau zu, und wenn dir etwas unklar ist, so frag deinen Kellner oder Tischnachbarn. Oder den Gastgeber. Es ist mir immer ein Vergnügen, meinen Gästen zum Beispiel zu erklären, warum man einen Germ- oder einen Marillenknödel nicht mit dem Messer schneidet, denn ich möchte ja, dass die Gerichte, die ich nicht ohne Mühe gekocht habe, mit dem vollen Genuss gegessen werden.

Die Sauce und der Saucenlöffel.

Die Sauce ist eine Erfindung der Neuzeit und der Saucenlöffel einer unserer Gegenwart. Saucen brauchte man erst und musste sie erst für sich alleine kochen, als die Küchentechnik es erlaubte, Fleisch im Herde so zu braten, dass es zart und saftig blieb. Saucenköche entwickelten sich zu hochverehrten Kochkünstlern, und in Frankreich entstanden Hunderte köstliche Saucen-Klassiker.

In Frankreich sieht man oft, wie sich jemand von seinem Stück Brot etwas abbrockt und den Saucenrest damit auftunkt. «Unmöglich!», rief das übrige feine Europa, und wer seine Sauce nicht verkommen lassen wollte, musste flink und verstohlen tunken, wenn keiner hinsah, oder die Kartoffeln in der Sauce zerquetschen (auch verboten, weil unter Umständen unmanierlich), er musste heimlich den Dessertlöffel verwenden (und säuberlich abgeschleckt wieder an Ort und Stelle legen) oder kummervoll verfolgen, wie das Kochkunstwerk, die Sauce, verschwand.

Die Rettung kam auch aus Frankreich. Dort erfanden die Saucenköche für ihre Feinschmeckerkunden den flachen Saucenlöffel, leider wieder eine Qual für Linkshänder, weil an seinem Stiel eine Art Kehrschaufel im rechten Winkel angesetzt ist. Dieser Löffel ist jedenfalls das offizielle Erlaubnis-Signal. Man darf also auch am festlichsten Tisch die Sauce löffeln, wenn man will und einen Saucenlöffel gedeckt bekommen hat.

Die Sauce ist schließlich eine Art Manierlichkeitstest. Wer es schafft, Nudeln mit Tomatensauce so zu essen, dass weder das Tischtuch noch das eigene Hemd verrät, was es gegeben hat, der ist ein wahrer Meister.

Daraus leitet sich ein Merksatz ab, auch aus Frankreich, und die pauschale Antwort auf die Frage: Wie soll ich mich bei Tisch benehmen?

So, dass du weder dich noch andere bei Tisch bekleckerst oder behinderst! Und es leitet sich eine weitere entscheidende Frage davon ab:

Darf ich mir bei solchen kleckersüchtigen Suppen und Saucen die Serviette um den Hals binden oder hinter den Kragen klemmen?

Eigentlich nein. Jedenfalls nicht bei einem offiziellen, festlichen, prachtvollen Essen. Meistens gibt es bei solchen Gelegenheiten auch nichts oder es sollte nichts geben, was aus dem Essen eine Mühsal oder eine Peinlichkeit machte. Wenn es aber ein gemütliches Familienessen ist und wenn du genau weißt: Ich schaffe es einfach nicht, die Spaghetti so um die Gabel zu rollen, dass nichts spritzt, so schützt du dich eben, so gut es geht.

Bei bestimmten Essen, zum Beispiel beim Krebsessen, gibt es spezielle knallrote Servietten, die man sich um den Hals bindet, weil der Krebssaft rote Flecken macht, die jeder Wäsche widerstehen.

Benehmen bei Tisch

Wie geht man zu Tisch?

Erstens pünktlich (siehe Seite 55). Zweitens hast du dir die Hände gewaschen und vielleicht auch die Haare gebürstet. Drittens bist du so gekleidet, wie die ordentliche Variante bei euch zu Hause aussieht.

Schließlich gehst du zu Tisch, wortwörtlich, also: Du stürmst nicht. Du reißt dabei keine Stühle und keine Menschen um. Du erfüllst die Grundbedingung der Höflichkeit und des guten Benehmens, indem du nicht zuerst an dich und deinen Hunger denkst. Du siehst vielmehr von dir ab, bist vielleicht als Erster am Tisch und schaust dich erst mal um.

Fehlt noch etwas auf dem Tisch? Servietten? Salz? Gläser und Getränke? Hat jemand dem Blumenstrauß in der Mitte seit gestern frisches Wasser gegeben? Und so weiter.

Wer isst mit? Kannst du jemandem helfen? Einem kleinen Geschwisterkind auf sein Hochstühlchen, einem gebrechlichen Familienmitglied beim Hinsetzen oder Krückenversorgen oder Medizinenvorbereiten?

Wenn das alles erledigt ist und du nichts mehr zu tun siehst, könntest du fragen: Kann ich noch etwas helfen? Soll ich schon die Suppenterrine oder die Salatschüssel mitnehmen? Alles in Ordnung? Dann setz dich, aber ordentlich! Schmeiß dich nicht auf den Stuhl!

Wie benimmt man sich bei Tisch?

Wenn alle glücklich am Tische sitzen, schnappst du dir nicht als Erster die Schüsseln, sondern wartest, bis du an der Reihe bist. Üblicherweise gibt die Hausfrau das Zeichen, nimmt sich zuerst und reicht die Schüsseln weiter. Oder schiebt dir die Schüssel hin und sagt: «Nimm dir schon!», oder füllt dir auf: aus der Suppenterrine oder vorsichtig aus der großen Gratinform, damit der Auflauf in ansehnlichen Portionen auf die Teller kommt.

Wenn du also einen Moment warten musst, bleib ruhig und ohne dich anzulehnen sitzen.

Stemm nicht die Ellbogen auf den Tisch.

Greif noch nicht nach dem Besteck, spiel auch nicht mit Messer und Gabel herum.

Wenn du es dann zum Essen benutzt, lass deine Hände damit unten auf dem Teller. Fuchtele nicht mit dem Besteck in der Luft herum, egal ob sauber oder triefend von Bratensaft.

Dass man Messer, Gabel oder Löffel auch aus der Hand legt, wenn man nach etwas greift, hast du schon gelesen.

Falls du trotzdem mit dem Löffel nach etwas gedeutet und dabei ein Glas umgestoßen hast, so entschuldige dich bitte sofort und korrekt.

Manche Menschen hören, besonders wenn sie plötzlich mit einem nassen Kleid dasitzen, lieber «Ich bitte um Entschuldigung …» als «Ich entschuldige mich!». Sie sagen nämlich: Du kannst dich gar nicht ent-schuldigen, also von deiner Schuld befreien. Du musst den anderen darum bitten, dich zu entlasten.

Zuerst also das richtige Wort, dann die richtige und praktische Tat. Hilf, den Schaden zu beseitigen, also das Wasser oder den Wein aufzutupfen. Aber mach keinen großen Aufstand, sodass zum Schluss die ganze Tischgesellschaft am Wischen und Rennen und Putzen ist. Und wenn es Rotwein war und dein Tischnachbar sein schönstes Gewand anhatte, sag nicht leichthin: «Ach, keine Aufregung, das zahlt schon die Versicherung!»

Das würde mich zum Beispiel fuchsteufelswild machen. So ein Schnösel!, würde ich denken. Was hat der für eine Ahnung von Kleidern! Ich will ja kein Geld – von Versicherungen kriegt man eh immer zu wenig – für ein versautes Kleid! Ich hab mein Lieblingskleid verloren! Auf die Knie mit dem Übeltäter! Am liebsten würde ich ihn die Flecken selber auswaschen lassen – wenn das die Sache nicht noch schlimmer machte!

Wenn du im Lokal sitzt, werden gefüllte Teller vor dich hingestellt. Oder der oder die Kellner servieren nacheinander von Platten und aus Schüsseln das Fleisch samt den üblichen Beilagen. Das heißt, sie gehen um den Tisch herum, halten dir von links (weil der internationale Benimm nur mit Rechtshändern rechnet) die Schüssel hin, damit du bequem mit der rechten Hand nehmen kannst. Du bedienst dich, häufst dir aber den Teller nicht so voll, als ob du einer Hungersnot entrinnen müsstest. Wenn nämlich serviert wird, kommen die Kellner meistens ein zweites Mal zum Nachservieren und freuen sich, wenn dann jemand noch einmal etwas nimmt.

Bekommst du einen gefüllten Teller (von rechts) vor die Nase gestellt, brauchst du ihn nicht ratzekahl leer zu essen. Lass einfach liegen, was dir zu viel war, und mach kein großes Hinundhergeschiebe, weil du nicht weißt, was du mit den Resten machen sollst. Versteck sie auch nicht unter einer Dekoration, also dem üblichen Salatblatt. Lass sie einfach liegen.

Wenn du dir selber nehmen kannst, solltest du allerdings keine Reste (außer Knochen und Gräten) übrig lassen. Was sonst noch zu bedenken ist? Lies nach beim Frühstück Seite 60.

Außerdem: Du sollst bei Tisch nicht auf dem Stuhle kankeln und zappeln, sondern für diese zwanzig oder dreißig Minuten Haltung bewahren; und zwar aus Rücksicht auf deine Tischgenossen und der Übung wegen. Die Fähigkeit zur Konzentration ist nicht angeboren. Wer sich aber bei Tisch beherrschen und Ruhe halten kann, ist eher imstande, die anderen richtig wahrzunehmen und sich mit ihnen zu unterhalten.

Aber: Platz nicht gleich mit allem heraus, was dich zum Beispiel eben in der Schule geärgert hat. Du sollst nicht nur von dir reden. Du sollst dich unterhalten. Dazu musst du dich darum kümmern, was die anderen interessieren könnte, worüber sie reden möchten.

Jetzt muss ich doch ein einziges Mal sagen, wie gut eure Generation es hat, wie viel Freiheit euch die Erwachsenen im Vergleich zu früher zugestehen. Uns wurde gesagt: «Kinder soll man bei Tisch nur sehen, aber nicht hören. Du redest nur, wenn du gefragt wirst.»

Klingt das seltsam? Während ich diese Wörter schreibe, fällt mir ein, dass ich in diesem Schweigen ein guter Beobachter gewesen bin. Ich wurde dabei nicht durch mich selber abgelenkt und habe in aller Ruhe einen ganzen Bildersaal von Erinnerungen an Menschen bei Tisch gesammelt.

Eine moderne Variation dieses Satzes von damals lautet: «Beim Essen kein Radio und kein Fernsehen.»

Das hat gute Gründe. Erstens sitzt man miteinander am Tisch, um dieses Zusammensein zu genießen. Man möchte etwas voneinander haben, ohne Hast und Hetze, sich ein wenig unterhalten, sich an dem hoffentlich guten Essen erfreuen. Fremde Geräusche übertönen das oder – noch schlimmer – lassen jedes Gespräch verstummen. Marionetten sitzen am Tisch und vollführen Essgesten.

Zweitens spielt, wie schon beim Frühstück erwähnt, der Magen beim Essen eine große Rolle. Du genießt, er aber muss arbeiten. Wenn du jedoch gleichzeitig einen Krimi oder einen blutrünstigen Thriller im Fernsehen siehst, krampft sich der Magen vor Spannung zusammen. Diese künstliche Aufregung schadet dem Verdauungsvorgang ebenso wie hastiges Schlingen und schlechtes Kauen.

Doch wenn es auch gut ist, gründlich zu kauen, so kau nicht ewig wie eine Kuh, sondern schluck's runter, wenn du mit dem Kauen wirklich fertig bist.

Und: Du sollst nicht mit offenem Munde kauen! Du sollst nicht mit vollem Munde sprechen!

Das hat ganz vernünftige Gründe: Erstens könnte dir das Essen aus dem Munde fallen. Große Schweinerei.

Zweitens holt man beim Sprechen Luft. Also könntest du

dich verschlucken. Das ergibt vielleicht eine noch größere Schweinerei – und wenn du Pech hast und einen umfangreicheren Brocken einatmest, handelst du dir Schmerzen ein. Im schlimmsten Fall musst du ins Krankenhaus.

Drittens sieht es einfach scheußlich aus, wenn du deinen halb gekauten Nahrungsbrei sehen lässt. Manchen Leuten wird dann schlecht.

Also: lauter gute Gründe. Wenn du den ersten beherzigst, sparst du dir Arbeit, denn vermutlich musst du dein Herausgefallenes selber beseitigen. Der zweite dient auch nur dir und deinem Wohlergehen. Und nur der dritte hat etwas mit deiner Wirkung auf andere zu tun, mit dem Sozialen und dem Ästhetischen.

Dazu gehört auch: Du sollst nicht aus dem Glase trinken, ehe du nicht das Essen heruntergeschluckt hast. Vielleicht gewöhnst du dir gleich an, dir vor jedem Schluck den Mund abzutupfen. Sonst sieht man die fettigen und schmierigen Spuren auf des Glases Rand, was nicht nur unappetitlich aussieht, sondern auch den Glanz eines mit Liebe gedeckten Esstisches beeinträchtigt.

Und selbst wenn du es auf Hunderten von Pressefotos und Fernsehbildern siehst: Man fasst Weingläser am eigens entwickelten Stiel und nicht an der Cuppa. Das hat auch einen Sinn. Früher trank man aus Bechern. Früher konnte man den Wein auch noch nicht so herstellen, wie es die Winzer heute mit ihrer sehr viel größeren und feineren Kenntnis von chemischen und physikalischen Zusammenhängen können. Der Wein unserer Zeit ist also reiner und klarer, und das soll man – im Glase – auch sehen. Er schmeckt besser, wenn er – als Begleiter einer Mahlzeit – rechtzeitig auf die richtige Temperatur gebracht wird. Und auch das soll man genießen. Deshalb hat ein unbekanntes Genie dem Becher ein Beinchen angeheftet und damit unser Stielglas erfunden. Wer also diesen Stiel, sozusagen die

Krone weinzivilisatorischer Bemühungen, ahnungslos missachtet und die Cuppa mit seinen warmen Händen umschließt, schafft eine feuchtheiße Kammer, die den Wein so anwärmt, dass er sein zartes Aroma verliert. Alle Gläser für Weißwein – auch Sekt und Champagner – haben deshalb relativ lange Stiele. Bei den Rotweinen liegt die Sache etwas anders, aber das lernst und erfährst du im Lauf deines Lebens selber.

Merk dir nur als Grundregel: Gläser am Stiel anfassen.

Kaffee, Kuchen und Konversation

Wir sind noch nicht am Ende der Mahlzeit. Noch fiel kein Wort über den Nachtisch. Warum auch? Er ist im Prinzip ziemlich unproblematisch.

Zu Hause werden die Nachtischteller verteilt. Wenn das Dessert-Besteck über dem Hauptteller lag, ziehst du jetzt Gabel und Löffel rechts und links oder rechts, rechts neben den Nachtischteller und wartest, bis die Schüssel auf ihrer Reise von einem zum anderen bei dir angelangt ist.

Nimm manierlich, also nicht so, dass du den ganzen Schüsselrand beschmierst, nimm nicht gierig, häuf den Löffel also nicht so voll, dass dir der Schokoladenpudding auf seiner Reise aus der Schüssel auf deinen Teller herunterplumpst. Gib schließlich die Schüssel samt Beilagen weiter.

Im Lokal und beim festlichen Familienessen bekommst du vermutlich einen Teller mit dem Nachtisch hingestellt, und der Kellner legt dir das Besteck zurecht. Je exquisiter das Restaurant, je festlicher der Anlass, desto prachtvoller das Dessert-Kunstwerk auf dem Teller, meist umrahmt von allerlei phantastischen Dekorationen.

Isst man das alles mit? Die leuchtend rote Johannisbeertraube? Die halbe Orangenscheibe? Das Scheibchen Sternfrucht? Da muss ich wie Radio Eriwan antworten: Im Prinzip nein. Im Prinzip isst man nur das, was in der Küche essfertig vor- und zubereitet ist. Die Johannisbeeren müsstest du erst abrebeln.

Schaffst du das, ohne dass die Beeren munter übers Damasttischtuch kullern? Weißt du, wie man den goldenen kleinen Kugeln der Kapstachelbeeren gekonnt und elegant zu Leibe rückt? Wenn ja, dann los!

Es gilt also wieder die alte französische Regel: Iss so, dass du weder dich noch deine Nachbarn bekleckerst oder durch das Beerengekullere erschreckst.

Und noch eine Vorsichtsmaßnahme: falls es sich zum Beispiel um das Hochzeitsessen deiner großen Schwester handelt. Falls sie möchte, dass ihre Familie bei der Bräutigamfamilie den denkbar besten Eindruck macht. Falls sie also vorher gedroht hat, dich in einem Ameisenhaufen zu vergraben, falls du dich nicht so unirdisch tadellos benimmst wie noch nie in deinem ganzen Leben – dann solltest du die Johannisbeere liegen lassen.

Wenn aber einer deiner Tischnachbarn aus dieser neuen Familie stammt, könntest du die Sternfrucht als Anlass für ein Gespräch benutzen (falls ihr euch nicht ohnehin kennt) und fragen: «Was ist das und kann man es mitessen?»

Er weiß es auch nicht? Also: Diese Frucht heißt Karambole, auch Baumstachelbeere oder «Kantige Gurke», weil sie so lang wie eine kleine Gurke wirkt und fünf bis sechs scharfkantige Rippen besitzt. Schneidet man diese honiggelbe reife Karambole nun in Scheiben, so entstehen schöne goldene Sterne, gerade richtig und praktisch für Dekorationen. Und es ist eigentlich ein Jammer, sie als Dekoration auf dem Teller liegen zu lassen, denn Karambolen sind wahre Vitamin-C-Bomben, schmecken schön sauer (weil die Pflanze zu den Sauerkleegewächsen gehört!) und können samt Schale gegessen werden. Also auch von dir, ohne dass deine Schwester danach sagen muss: «Du hast wirklich null Ahnung, wie sich ein Mensch bei Tisch benimmt!»

Die Sternfrüchte haben dir schließlich gezeigt, wie man das Problem Tischgespräch behandeln kann. Nicht zu Hause, sondern an so einer offiziellen Tafel wie oben, zwischen Menschen, die du kaum kennst.

Du hattest auch schon vergessen, wie diese heißen? Dann wirf einen Blick auf die Tischkarten rechts und links von dir. Es gibt keine? Dann strahle den oder die Nettere deiner Tischnachbarn an und sag: «Ich bin Michael, der Bruder der Braut!» Sicher wird die Nachbarin sagen, wer sie ist, vielleicht so: «Ich bin Käthe Müller, die Tante mütterlicherseits deiner neuen Schwägerin. Du kannst Tante Käthe zu mir sagen.»

Bei einer netten Tante Käthe hast du sicher kein Gesprächsproblem. Aber wenn es eine schüchterne Cousine oder ein maulfauler Patenonkel ist, kann dir so etwas wie eine Karambole helfen, das schon fast eingeschlafene Tischgespräch wieder zu beleben.

Aber bitte pass auf! Du bist kein wandelndes Lexikon, und ein Gespräch ist keine Lehrstunde! Unser Trauzeuge war ein berühmter Rallyefahrer und saß eines Tages neben einer meiner Kolleginnen, die sich gerade ein neues Auto gekauft und sozusagen die Gebrauchsanweisung auswendig gelernt hatte. Er machte irgendeine Bemerkung. Sie sagte: «Oh nein! Da irren Sie, da irren Sie sich aber!», und begann, ihn langatmig über Automotoren und Fahrtechnik zu belehren. Er schwieg. Wir anderen schwiegen auch. Und sie hielt unsere eiserne Höflichkeit für atemloses Interesse.

So viel zur Sternfrucht und zu Tischgesprächen.

Nach dem Nachtisch gibt es bei Festessen oft einen Mokka und Espresso. Und nach dem Mittagessen folgen als nächste Mahlzeit Tee oder Kaffee und Kuchen.

Da hätten wir wieder die Tasse vor uns.

Was ist eine Tasse? Ganz einfach, eine Schale mit Henkel. Dieser Henkel nun ist gar nicht so alt. Viel jünger als Becher oder eben Schale – an der sich unsere Vorfahren sicher oft die

Finger verbrannt haben, wenn sie heiß vom frisch gebrühten Tee gewesen ist.

Die ersten Koppchen aus noch braunem Steingut, die der berühmte Böttger in Dresden hat brennen lassen, besaßen noch keinen Henkel. Aber mit der Verfeinerung der Herstellungsmethode, mit der Glasur, die das fertige Porzellanprodukt schön weiß und blank aussehen ließ, kam der Henkel in Mode. Historiker sagen, er bezeichne einen entscheidenden Schritt in der Entwicklung unserer Zivilisation, einen Schritt vom Ungehobelten und Gröberen zur Gesittung, zur feineren Geselligkeit und so weiter.

Langer Rede kurzer Sinn: Wenn du eine Tasse vor dir hast, so fasse sie bitte am Henkel. Pack sie nicht wie einen Becher mit der Faust, geh nicht den Weg unserer kulturellen Entwicklung wieder zurück, sondern ehre das Kultur-Kunstwerk, das die Tasse darstellt.

Aber übertreib's auch nicht! Wer nämlich meint, die Eleganz der Tassenbenutzung läge im zierlich abgespreizten kleinen Finger, der irrt.

Wo Tassen im Allgemeinen stehen, ergibt sich aus der Vorherrschaft der Rechtshänder: so, dass diese sie nämlich ohne Mühe (am Henkel) erwischen. Linkshänder müssen sich daran gewöhnen.

Und so wird die Tasse gedeckt: Tasse auf Untertasse, Tee- oder Kaffeelöffel auf Untertasse.

Wenn du einschenkst: nie bis zum Rande, sonst schwappt es schon beim Hochheben über.

Trotzdem passiert? Ich glaube, es gibt in jeder Familie eine meist spaßhafte Tradition, wie man dieses Malheur überwindet, und außerhalb der Familie bist du ja nicht der- oder diejenige, die Tee in Tassen gießt. Wie deine Gastgeber mit einer zu voll eingeschenkten Tasse verfahren, ist also ihre Sache. Kellner sagen meist: «Oh Pardon!», und nehmen die randvolle Tasse fort –

mag sie überlaufen wie ein Wasserfall. Um das aufzufangen, ist ja die Untertasse da. Heutzutage. Früher, im 18. und 19. Jahrhundert, goss man den heißen Kaffee oder Tee gern in die Untertasse, pustete und trank aus ihr. Das war eigentlich klug, denn in Physik lernt man, dass der Wärmeaustausch mit der kühleren Zimmerluft durch eine große Oberfläche beschleunigt wird.

In der Praxis jedoch ist diese Sitte ausgestorben. Weil es beim Umgießen Geplansche gab? Weil die Tassen und damit ihre freie Oberfläche größer wurden? Wer weiß.

Geblieben ist nur die heiße Frage: Darf man pusten? Und wenn ja, wie?

Erstens darf man es natürlich. Du sollst dir ja nicht den Mund verbrühen. Den zweiten Teil der Frage kannst du dir eigentlich selbst beantworten: so, dass deine Nachbarn keine heißen Spritzer abbekommen, der Kaffee beim sanften Pusten also in der Tasse bleibt.

Das Gleiche gilt für Tee, Punsch, Schokolade, Suppe und dergleichen.

Noch ein Wort zu Untertasse und Kuchenteller. Wenn du an einem soliden Tisch auf einem ordentlichen Stuhl sitzt, kommst du gar nicht auf die Idee, das Geschirr in die Luft zu heben. Du isst trockenen Kuchen mit den Fingern, wenn du magst, oder mit der Kuchengabel und klebriges oder glitschiges Gebäck mit Kuchengabel oder Kuchenbesteck. Du hast eine kleine Tee-Serviette aus Papier oder Stoff, denn auch trockenes Gebäck kann fettig oder saftig sein, und du bist zufrieden.

Wenn aber zum Beispiel die Nachmittagsgäste deiner Mutter oder die Kränzchenschwestern deiner Großmutter auf dem relativ niedrigen Sofa vor einem dito relativ niedrigen Tisch sitzen, greifen sie automatisch nach dem Kuchenteller und deponieren ihn etwa so auf dem Busen, dass die Sahnecreme auf dem langen Weg vom Teller zum Munde nicht auf der frischen Seidenbluse landet. Das Gleiche geschieht mit der Tasse. Darf man das? Die meisten kümmern sich keinen Deut ums Dürfen, sondern denken an die Bluse.

Früher galt diese Sitte als spießig, und ich finde, sie deutet auf einen Mangel unserer Bestecke hin. Die meisten Kuchengabeln haben eine so minimale Ladefläche, dass sie zwar gut ist zum Kaloriensparen, aber schlecht für Hungrige, die sich große Happen in den Mund schaufeln wollen.

Also läge der Ausweg bei anderen Gabeln oder einer gewissen Selbstbeherrschung in Kuchenschlachten.

Tasse und Untertasse schließlich gehören zusammen. Wenn dein Gastgeber fragt: «Möchtest du noch einen Tee?», so nickst du nicht stumm und reichst ihm quer über den Teetisch die einsame leere Tasse entgegen, sondern du antwortest: «Ja gerne!», und präsentierst ihm die Teetasse auf ihrer Untertasse. Das Gleiche gilt logischerweise für Kaffee-, Schokoladen- und Suppentassen.

Das Abendbrot

Das Abendessen heißt bei uns auch Abendbrot, weil nach Erhebung der Lebensmittelindustrie fünfundsiebzig bis achtzig Prozent unserer Landsleute des Abends, vor allem in der Woche, ein kaltes Abendessen einnehmen, also: ein Butterbrot mit was drauf. Gibt's da Probleme?

Zu Hause sicher nicht. Eine Mutter oder ein Vater schneidet die allerersten Butterbrötchen fürs Baby in Reiter, also kleinfingerbreite und halbkleinfingerlange Stücke, damit sie das Kleinkind zwischen Daumen und Zeigefinger klemmen und dabei lernen kann, wie man so etwas isst.

Und so haben wir alle schon im Krabbelalter gelernt, wie man sich auf Cocktailpartys und großen festlichen Empfängen benimmt. Da hat auch jemand in einer Küche gestanden und Reiterchen so komponiert, dass wir sie unverändert zwischen Daumen- und Zeigefinger klemmen und mit einem einzigen Happs verschlingen können.

Und wenn du nun nicht daheim dein Wurstbrot von Muttern oder Vater geschmiert bekommst und höchstens auf die Frage «Soll ich dir's einmal oder zweimal durchschneiden?» antworten musst, sondern bei einem Schulfreund eingeladen bist, an einem fremden Abendbrotstisch sitzt?

Stell dir das vor. Du vor dem Teller, rechts Messer und Gabel. Gabel? Wozu eine Gabel?

Das hängt davon ab, was noch auf dem Tisch zu sehen ist: Butter auf dem Butterteller. Brotscheiben im Brotkorb. Eine Platte mit Wurstscheiben. Eine Platte oder ein Brett mit Käse-Sorten im Stück. Vielleicht noch eine Schüssel mit einem leckeren Herings- oder Krabbensalat.

Du kannst jetzt nach dem Prinzip arbeiten: Woll'n mal sehen, wie es die anderen machen!

Aber wenn du Pech hast, wird dir als geehrtem Gast zuerst alles angeboten und hingeschoben. Na gut. Was bekommst du zuerst?

Den Brotkorb. Nimm dir eine Scheibe. Aber drück nicht mäkelig an zwei oder drei herum, bis du diejenige zwischen die Finger kriegst, die dir weich oder frisch genug erscheint. Nimm! Geh davon aus, dass die Gastgeber dir mit jeder Scheibe das Beste bieten, was sie zur Verfügung haben. Und wenn es nicht das Beste ist, so beschäme sie nicht, indem du mit dieser Herumdrückerei zu verstehen gibst: Nicht mal ordentliches Brot haben diese Leute!

Nächstes Angebot: Butter.

Liegt ein Buttermesser auf dem Butterteller? Ja? Dann schneid dir damit ein Stück Butter ab und leg es dir auf den Tellerrand. Nein? Dann nimm dein eigenes Messer, das freilich nach dem zweiten oder dritten Nehmen sauber an deiner letzten Scheibe Brot abgestrichen sein sollte. Du kannst das Stück Butter auch gleich so bemessen, dass es auch noch für die nächste oder übernächste Scheibe Brot reichen wird.

Keinesfalls schmierst du dir mit dem Buttermesser die Butter aufs Brot, denn dieses Messer ist eigens fürs Butterabschneiden erfunden worden und soll butterrein und unberührt von allem anderen, auch von deinen Brotkrümeln, bleiben. Das war wohl ein Gedanke aus der Zeit, in der man die Hygiene besonders hoch schätzte. Oder die Butter. In Dänemark gibt es zu der wunderbar salzigen Butter meistens kleine hölzerne Buttermesser. Sie gehören dort also nicht zu Pomp und Pracht, sondern zum alltäglichen Butterbrot – das dort Smörrebröd heißt, klassisch üppig belegt ist und höchstens von einem Breitmaulfrosch mit einem einzigen Happs verschlungen werden kann.

Wenn es also eine Platte mit solchen «nett garnierten Butterbroten» gibt und du dir deine Scheibe Butterbrot so üppig belegt hast – zum Beispiel mit einem Löffel Heringssalat –, dass appetitliches Essen ein interessantes Risiko darstellte, dann greif zu Messer und Gabel!

Du wirst freilich wieder Erwachsene sehen, die selbst ein vollkommen ungefährliches Käsebrot elegant mit Messer und Gabel essen. Das macht ja nichts, aber es ist eigentlich nicht nötig. Wenn du jedoch bei ihnen zu Gast bist und das Gefühl hast, sie warten nur darauf, dass du dich wie ein ungeschliffener Tölpel benimmst und einfach so vom Käsebrot abbeißt – na, dann messere und gabele auch. Es schadet, siehe oben, ja nichts.

Wie der Käse nun aufs Brot kommt? Entweder liegt er zierlich geschnitten samt einer Nehmegabel auf der Käseplatte oder einem Holzbrett. Dann ist die Sache einfach. Du nimmst dir mit der Gabel, was du brauchst, aber nicht mehr. Du kannst jederzeit sagen: «Darf ich bitte noch einmal die Käseplatte haben?», und wenn du dich bedient hast, reichst du dieselbe weiter.

Oder die Käsestücke liegen samt einem Käsemesser (breite Klinge, oft mit zwei Zacken am Ende, die als Gabel dienen) auf einem großen Käsebrett. Dann schneidest du dir ein oder zwei

Stücke vom Weichkäse oder Scheiben vom Hartkäse ab und pikst sie mit den Messerzacken auf. Wenn der Käse dann glücklich auf deinem Teller gelandet ist, kannst du mit deinem eigenen Messer die Rinde abschneiden, die man nicht mitisst. Das sind zum Beispiel alle Rinden, die zum Schutz des Käselaibes aus Wachs oder ähnlichen Materialien bestehen, was man meist an der abweichenden Farbe erkennt. Sicher schneidest du die feste Rinde eines Blauschimmelkäses ab, weil sie auch mehr dem Schutz des weichen Käseinneren dient, und ob du die Rinde eines Camemberts und ähnlicher halbweicher Sorten entfernst, liegt mehr oder weniger bei dir. Manche Menschen mögen diese weiße Schimmelschicht, andere nicht.

Was gäbe es sonst noch für Abendbrotsprobleme? Vielleicht noch ein Wort zur Wurstpelle.

Ein guter Gastgeber hat dir diese Sorge höflicherweise abgenommen und hat die Wurst schon in der Küche gepellt, ehe er sie in Scheiben geschnitten und auf die Platte gelegt hat. Oder er hat seinen Schlachter darum gebeten.

Manche Wurstsorten brauchen jedoch Pelle bis zum letzten Moment: Leberwurst oder Blutwurst würden entweder verschmieren oder zerbröseln. Also bleiben solche Sorten in ihrer Haut.

In diesem Fall greifst du nicht mit den Fingern danach, sondern hoffst auf ein scharfes Messer, mit dem du die Haut glatt einmal durchschneiden oder, falls sie anhängt, rundherum abschneiden kannst. Dann rollst oder ziehst du die Pelle mit der Gabel ab und legst sie auf den Tellerrand.

Sicher gibt es auch zum Abendbrot etwas zu trinken. Wahrscheinlich hast du die Wahl. Jemand fragt dich: «Was darf ich dir einschenken? Apfelsaft oder Wasser?»

Dann sag bitte nicht: «Saft.» Und wenn du das Glas geleert hast und noch mehr Saft haben möchtest, sag nicht: «Mehr!»

Sprich wie ein Mensch. Sag lieber: «Ja, ich möchte gern etwas vom Apfelsaft haben!», oder einen ähnlichen vollständigen Satz. Sag «Danke» oder gar «Danke schön!», wenn dir das volle Glas gereicht wird. Und sag: «Kann ich bitte noch einen Schluck Apfelsaft haben?», wenn dich nach diesem ersten Glas noch dürstet.

Noch einmal zusammengefasst:

Du gehst mit sauber gewaschenen Händen und ordentlicher Kleidung zu Tisch; du stürmst nicht deinen Stuhl, lässt dich nicht als Erster darauf fallen; du redest nicht so laut wie vermutlich in der Schule, redest nicht nur von dir, sondern beteiligst dich am allgemeinen Gespräch oder hältst einfach mal den Mund; du nimmst dir nicht als Erster; du greifst nicht quer über den Tisch nach dem Salzstreuer oder der Kartoffelschüssel, sondern sagst stattdessen «Bitte …» und danach «Danke!».

Du schmatzt nicht und rülpst nicht; du kankelst nicht auf dem Stuhl herum; du wartest, bis alle mit dem Essen fertig sind; und wenn du eher aufstehen möchtest, fragst du die Mutter/ Gastgeberin: «Darf ich bitte schon aufstehen?»

Mütter antworten dann meist fast erleichtert: «Jaja!»

Nette und kluge Gastgeberinnen, sagen wir mal deine Patentante, wissen noch ganz genau, wie elend langweilig man als Kind diese endlosen Erwachsenen-Mahlzeiten gefunden hat. Also antwortet die Patentante, die wir uns für diesen Fall ausdenken, nicht nur «Jaja», sondern sie setzt hinzu: «Lauf rüber – da wartet etwas auf dich!»

Was das sein könnte? Irgendwo in der Wohnung oder auf der Veranda oder in einem gemütlichen Winkel im Garten zum Beispiel ein neues Einsiedlerspiel. Oder ein neues Buch von deinem Lieblingsautor. Oder eine Kiste mit ihren eigenen alten Puppensachen, oder … oder … oder. Sie setzt dich aber niemals vor den Fernsehapparat. Denn wenn du nur zum Fernsehen gekommen wärest, hätte sie dich erstens gar nicht erst einzuladen brauchen. Fernsehen kannst du vermutlich auch daheim. Geselligkeit aber ist mehr als Fernsehen, und die Gesellschaft bei Tisch soll zweitens nicht vom Lärm des Fernsehens gestört werden. Selbst die huschenden Bilder eines stummen Apparates lenken ab und irritieren, weil sich die wenigsten Menschen der Magie des Fernsehapparats entziehen können und unwillkürlich dahin schauen, wo es flimmert. Also stellt dich die Patentante nicht vor dem Fernsehapparat ab, sondern hat sich eigens für dich etwas ausgedacht und vorbereitet. So hat dann jeder bei dieser Einladung das, was ihm Freude macht, und dir fällt es leicht, das zu tun, was man nach einem guten Essen, einer gelungenen Einladung immer machen sollte: sich bedanken.

Aber wozu seien eine Mutter oder ein Vater denn da? Doch wohl auch, dir alle Tage dreimal ein nahrhaftes und schmackhaftes Essen vorzusetzen!

Ach, wirklich? Wie alt bist du? Lies mal die «Herbstmilch» von Anna Wimschneider, die als Achtjährige für die ganze Bauernfamilie Knödel und Kraut kochen musste. Also: Nimm nichts als selbstverständlich! Sag auch deinen kochenden Eltern oder anderen Verwandten manchmal: «Danke! War wieder lecker! Fast so gut wie bei McDonald's!»

Und wenn du eingeladen warst, ruf den Gastgeber an. Du brauchst keine großen Lobeshymnen von dir zu geben. Sag einfach: «Danke schön für gestern (oder: vorgestern)!»

Das Essen war aber nicht erwähnenswert? Ach, du bedankst dich nicht für kulinarische Spitzenleistungen – falls du die schon beurteilen könntest –, sondern dafür, dass dich jemand einer Einladung wert hielt. Du bedankst dich dafür, dass sich jemand die Mühe gemacht hat, dich zu bewirten.

Später, wenn du erwachsen bist, solltest du zum Dank einen Blumenstrauß schicken. Aber noch brauchst du nicht darüber nachzudenken, was du auf die Begleitkarte schreibst. Genieße erst mal die Geselligkeiten, die dir geboten werden. Sei offen, schau und hör den Menschen zu. Dann weißt du später von allein, wie man sich bedankt.

Keine Gesellschaft ohne Gespräche und Unterhaltungen. Oder? Redest du am heimischen Tisch wie ein Wasserfall und verwandelst dich zwischen Fremden und Halbfremden in einen schweigenden Ölgötzen?

Dann will ich hoffen, dass sich deine Erwachsenen oft Gäste einladen, denn das, was man als häusliche Geselligkeit bezeichnet, ist nun einmal die beste Schule der allgemeinen und der öffentlichen Geselligkeit.

Niemand erwartet schon von dir, dass du wie dein eigener Vater oder deine Großmutter mit dieser gewissen Selbstsicherheit Gespräche eröffnest, fremde Gäste in das allgemeine Gespräch hineinziehst, Gesprächspausen überbrückst und so weiter. Du hast dafür die Gelegenheit, die Methode der Eltern und Großeltern zu beobachten. Gefällt sie dir? Und passt sie zu dir? Dann hättest du einen Leitfaden für das eigene Vorgehen. Findest du sie nicht gut oder altmodisch oder anbiedernd oder anmaßend, so hast du erst recht einen Leitfaden für einen eigenen und ganz anderen Gesprächsstil.

Wenn du nun bei Tisch zwischen zwei Erwachsenen sitzt, die fremd sind, bist du sozusagen festgenagelt und kannst dich nicht drücken. Du musst mit ihnen reden, ob du sie nun magst oder nicht. Das ist auch eine gute Übung, denn im normalen Leben musst du öfter mit Leuten reden, die du nicht ausstehen kannst oder die dir vollkommen gleichgültig sind, als mit Seelenverwandten.

Wenn du diese Situation also als nützliche Probe betrachtest, dann wirst du meistens für diese Haltung belohnt. Denn wenn du deine Vorurteile beiseite packst, merkst du ziemlich oft, dass der andere viel netter oder interessanter ist, als du dachtest.

Was man so zu hören *bekommt ...*

Von gutem und von schlechtem Deutsch

Ob du mit der Familie sprichst oder bei Tisch, in der Schule oder auf der Straße etwas sagen willst oder musst, ob du Aufsätze oder Briefe schreibst: Bitte sprich (und schreib) anständiges Deutsch!

Ich weiß, um uns herum hörst du alles andere als gutes Deutsch. Ob du die Zeitung liest oder den Fernsehapparat anstellst: geschwollener Unsinn. Schrumpfdeutsch. Verquaste Neubildungen, die die Wörter wichtiger klingen lassen sollen oder von der Unsicherheit des Sprechers in puncto Grammatik zeugen.

Sag also zum Beispiel nicht Technologie, wenn es um schlichte Technik geht. Zitiere nicht «Davon kann man ausgehen ...» oder ähnliche Wortwürmer, mit denen sich Politiker beim Antworten einen Augenblick Nachdenkenszeit herausschinden. Sag nicht «Ich denke mal», weil das wortwörtlich aus dem Englischen stammt. «I think» entspricht aber «Ich glaube, dass dieses so und so ist» oder «Ich meine ...» und zeigt, wie leicht schlechte Übersetzer die eigene Sprache nicht nur verhunzen, sondern ihrer Genauigkeit berauben können.

Benutze die richtige Befehlsform. Üblicherweise fällt bei vielen Verben das -e im Imperativ Singularis fort. Wir sagen also «Hol das Brot! Sag die Wahrheit! Lies mal ein Buch! (nicht: lese mal ...) und: Gib mir einen Kuss (nicht: gebe mir einen Kuss)» und so weiter.

Sprich gutes, das heißt einigermaßen korrektes Deutsch. Dazu gehört auch: Gib vollständige Sätze von dir. Das sagen dir wahrscheinlich deine Lehrer und deine Eltern so oft, dass ich auf Beispiele verzichten kann.

Weiter: Red nicht anderen ihre Fehler nach. Sag zum Beispiel nicht abtauchen oder abdecken. Mit abtauchen meinen die Leute vermutlich untertauchen im Gegensatz zu auftauchen. Wenn du mit einem Verb das Sinken unter eine Oberfläche bezeichnen willst, reicht aber tauchen vollkommen aus. Mehr als tauchen kann man eigentlich gar nicht.

Die Vorsilbe ab- ist in diesem Zusammenhang also überflüssig. Ja, wir sagen: «auf und ab». Als selbständiges Wort kann «ab» die Richtung nach unten bezeichnen. Aber als Vorsilbe bedeutet ab- etwas anderes. Denk an abnehmen (etwas wegnehmen), an den Abgang (der Schauspieler geht weg von der Bühne), an abgeben, absahnen, abschälen und so weiter. Immer wird etwas ab-geteilt oder ab-genommen. Liest du also in einem Kochrezept «die Schüssel mit Vanillepudding abdecken und kalt stellen», so siehst du schon, wo der Fehler steckt. Der Rezept-Autor meinte «zudecken». Das gedankenlos falsch verwendete «abdecken» (soll wahrscheinlich irgendwie fescher und moderner, nicht so hausmuttelhaft nach Küche klingen) bezeichnet aber genau verstanden das Gegenteil. So wäre also obiger Pudding nicht zugedeckt, sondern im Gegenteil unbedeckt und bekäme eine Haut, die eben nicht so dick und hart wird, wenn man die Schüssel zudeckt.

Wenn ich aber den Tisch, den ich zum Mittagessen gedeckt habe, danach wieder abdecke, so bezeichnet das Verb genau das, was ich mache: Ich nehme etwas weg, das Geschirr und die Tischdecke. Das Wort bezeichnet den Sachverhalt.

Und ebendeshalb habe ich dieses umständliche Wortspiel mit auf-, zu- und abdecken getrieben, das wir genauso gut mit einem beliebigen anderen Verb oder Substantiv hätten durchführen können.

Denn unsere Sprache ist eine Konvention. Sie erlaubt uns,

unsere hoffentlich klaren Gedanken in unmissverständliche Wörter zu kleiden. Je vielschichtiger diese Gedanken nun sind, je komplizierter der Sachverhalt, den ich beschreiben will, desto mehr kommt es auf jedes Wort an. Ein falscher Begriff, schon ein ungenauer Begriff lässt den Gesprächspartner im Ungewissen oder im Zweifel. Er kapiert einfach nicht, was du sagen willst. Denn du setzt ihn nicht, wie die treffende Redensart sagt, «richtig ins Bild». Wenn ich dir zuhöre, wächst nämlich aus deinen Wörtern in meiner Vorstellung ein Bild. Ich sehe, was du mir erzählst. Und ich könnte zum Beispiel keine Batterie in meinem Reisewecker auswechseln, wenn der Reisewecker-Hersteller eine der Gebrauchsanweisungen mitgeliefert hätte, die so unpräzise formuliert sind, dass sie selbst bei mehrmaligem Lesen unverständlich bleiben.

Ganz fehlerlos kann freilich keiner reden, erst recht nicht ein Computer. Aber man kann üben. Ich arbeitete gleich nach dem Studium als Volontärin bei einer Monatszeitschrift, und mein Chefredakteur ärgerte sich, zu Recht, über mein gestelztes Philologengerede und -geschreibsel.

Also hieß es: «Definieren Sie mal Ei oder Stuhl.» Einfach? «Sitzgelegenheit!» Ach – viel zu ungenau! Gelegenheit zum Sitzen bieten auch Sofas, Hocker, Treppenstufen, Felsbrocken. Also? «Sitzgelegenheit auf vier Beinen»? Und der einbeinige Melkschemel? Der fünffüßige Bürosessel? Noch genauer also – und diese Genauigkeit kann einem dann selbstverständlich werden.

Da aber alles Innere – der kluge, überlegte, präzise Inhalt deiner Sätze – sein Äußeres hat, folgen noch ein paar Hinweise:

Bitte sprich immer deutlich! Nicht zu schnell, nicht genuschelt. Das können besonders ältere Menschen nicht mehr so gut verstehen. Höflichkeit aber erfordert, an den anderen zu denken.

Sprich nicht mit den Händen in den Hosentaschen. Ich

habe keine Ahnung, woher diese Sitte kommt (Wilder Westen? Geladene Pistole in der Tasche?), aber ich stelle immer wieder fest, dass vor allem ältere Menschen mit dem folgenden Satz ein vernichtendes Urteil über jemanden fällen: «Der redet mit den Händen in den Hosentaschen!» Genauso schlimm: mit der Zigarette im Mundwinkel mit jemandem reden! Aber ich nehme an, dass du ohnehin (noch) nicht rauchst.

Schau auf deinen Gesprächspartner, wenn du mit ihm sprichst! Das hängt sicher mit dem ersten Punkt zusammen: Wer kann dich schon verstehen, wenn du in die entgegengesetzte Richtung sprichst, vor allem, wenn es noch andere Geräusche um euch herum gibt! Diese Vorschrift hat aber noch einen anderen Grund. Du sprichst nicht nur mit deinen Worten. Du sprichst auch mit deiner Miene, also mit Augen, Lippen, Lächeln etc. Deine Miene kann einen frechen Satz mildern, ein Lächeln kann einem trockenen Satz erst die rechte Wärme verleihen, ein Blick in deine Augen kann mir verraten, was du wirklich denkst. Es ist also wichtig, dass ich dich beim Sprechen anschauen kann.

Mit diesem Blick kann ich auch erkennen, was ich vom Fluchen halten soll.

Muss man fluchen?
Darf man fluchen?

Also, was für eine Frage! Manchmal gerät man doch in so eine Wut, dass man einfach fluchen muss. Du hast dir in deinem Lieblingspulli eine Masche quer über die ganze Länge oder Breite gerissen – verflucht!

Du hast etwas besonders Kniffliges gebastelt, vielleicht seit Tagen, und im letzten Moment stößt du mit dem Ellbogen dran und – krach! Mist verdammter!

Dein kleiner Bruder hat dir den Ball? das Stück Torte? vor der Nase weggeschnappt. Verflixt und zugenäht und Pech gehabt. Das alles ist dann und damit vorüber. Pech kann man immer haben. Eigentlich bist du eh selber schuld gewesen – mach es das nächste Mal besser. Also: einmal geärgert, einmal kräftig geflucht und aus und vorbei.

Unerträglich und grob unerzogen sind dagegen die Dauer-Flucher. Sie fluchen nicht, weil sie etwas zu fluchen haben, sondern sie können die Schimpfwörter nicht halten. Meistens rinnt ihnen auch kein saftiger herzhafter Fluch aus dem Mund, sondern ein fader Fäkal-Wörterstrom ohne Sinn und Verstand. Scheiße, alles ist Scheiße. Die Scheißpauker, das Scheißfahrrad, die Scheißferien. Die Scheißgräfin, wie mir ein Gymnasiast einmal schrieb, weil er über einen meiner ZEIT-Artikel einen Aufsatz schreiben musste und damit offensichtlich nicht zurechtgekommen war.

Alles also Scheiße, und wer einen ärgert, ist ein Arsch – und da nur ungefähr ein halbes Dutzend solcher Wörter für alles unter der Sonne benutzt werden, wird aus der Sprache ein eintöniger Brei.

Noch einmal die Frage: Darf man fluchen?

Meine Antwort: So nicht. Und warum nicht?

Erstens weil diese Wörter aus dem so genannten Fäkal- oder Analbereich stammen (das Adjektiv anal bedeutet: den After betreffend, in seiner Nähe liegend, und ist abgeleitet vom lateinischen Wort anus für After. Und das Adjektiv fäkal stammt vom lateinischen faeces, was Kot bedeutet). Sie beleidigen ältere Leute, erschrecken und schockieren sie. Diese älteren Leute denken dann, deine Eltern hätten dich schlecht erzogen. Haben sie das? Nein? Dann bringst du sie unabsichtlich in schlechten Ruf und bekümmerst sie. Mag sein, dass dir das im Augenblick egal ist. Aber denk bitte daran, du hast diese Kränkung, die du den alten Leuten und deinen Eltern angetan hast, wahrscheinlich sofort vergessen. Die Gekränkten aber vergessen sie nicht so schnell. Es ist nämlich ein Irrtum, zu glauben, dass Wörter rasch verwehen. Ganz im Gegenteil. Ein einmal ausgesprochenes Wort kann ewig in Erinnerung bleiben. Das ist, das kann wirklich ein Fluch sein, ein Fluch so groß wie im Märchen.

Da sind wir beim zweiten Grund, aus dem du nicht fluchen solltest: Die alltägliche Flucherei ist nur mechanisch. Du denkst gar nicht nach. Du sagst nur «Scheiße». Wie soll ich das verstehen? Hängt dir alles zum Halse heraus? Dann frag dich selber, woran es liegt. Ich kann dir nur sagen: Fluchen ändert nichts. Du musst dich ändern.

Der dritte Grund: Diese gedankenlose Dauerflucherei kann dir die Sprache rauben. Du lässt einen Fluch aus dir raus, statt die Wörter zusammenzusuchen, mit denen du ausdrücken kannst, was dich stört oder quält – falls dich überhaupt etwas quält. Damit verschenkst du nicht nur eine der menschlichsten Möglichkeiten, sich den Platz in der Welt zu bestimmen. Du erstarrst. Du bleibst stehen. Du verweigerst dich.

Das Ganze hat schließlich auch mit Angemessenheit zu tun. Wenn du dich beim Frühstück mit Marmelade bekleckerst und dann unflätig zu fluchen beginnst, so ist das dem wirklich lächerlich geringfügigen Anlass nicht angemessen. Wie willst du denn dann noch fluchen, wenn dir etwas wirklich Fluchenswürdiges zustößt? Versuch also, dich auch beim Fluchen zu beherrschen. Es ist einfach albern, wenn dir nichts Besseres einfällt als das ewig Gleiche. Die Phase, in der man Eltern und alte Tanten mit gerade aufgeschnappten Unanständigkeiten schreckt, ist für dich ohnehin vorbei. So etwas macht man in den ersten Schuljahren, in denen man sich entzückt all diese neuen unerhörten Wörter aneignet.

Du kannst unterdessen lesen und über dich und dein Verhalten nachdenken. Du merkst, dass du mehrere Sprachen sprichst. Du redest mit der Mutter oder dem Vater so, wie du es seit dem Sprechenlernen tust. Du verstehst und sprichst die Computersprache. Du redest mit deinen Freundinnen und

Freunden und Klassenkameradinnen so, wie es eure Rede-Mode gerade gebietet, und auf diesem Gebiet entwerft ihr ganz unbewusst neue Sprachkonventionen. Du probierst also die Sprache aus, stellst sie auf den Kopf, machst eine Geheimsprache daraus, passt sie dir und deiner Generation an, bereicherst sie mit deiner Phantasie, beschwerst sie natürlich auch mit dem ganzen Müll, der dir tagaus und tagein in die Ohren braust, erfindest neue Wörter und lässt andere verschimmeln.

Das ist herrlich, und wenn du gut mit ihr umgehst, so bleibt dir die Sprache geschmeidig und stets zu Diensten. Sie erstarrt nur dann, wenn du es zulässt und wenn du zum Beispiel bei super und affengeil verharrst.

Ich kann dir in einem Buch und auf zwei oder drei Buchseiten nicht vorschreiben, was anständiges Deutsch ist. Ich kann dir nur sagen, dass die Sprache eine unserer ersten Ausdrucksmöglichkeiten ist und dass du das nicht vergessen und nicht verwerfen solltest. Du sollst nicht einfach nachplappern, was du um dich herum hörst, sondern du sollst die Sprache wahrnehmen. Sollst ihre verschiedenen Qualitäten hören, ihre Unterschiede und Möglichkeiten. Du sollst Distanz zu deinen eigenen Wörtern bekommen, sollst fremde Wörter, fremde Flüche, fremde Redensarten beurteilen können. Dann wirst und bleibst du Herr oder Herrin der Sprache und kannst sie so abrufen, wie du sie brauchst. Das erlaubt dir, nicht nur verständlich zu sprechen, sondern auch allgemein verständlich.

Wenn du also die Sprache nicht verludern lässt, kannst du sie als ein Instrument der Höflichkeit benutzen. Du verzichtest auf den Jargon, die spezifische Ausdrucksweise deiner Klasse, und sprichst so, dass dich jedermann und jede Frau verstehen kann.

Sprich – das ist der letzte Punkt – deutlich und laut, aber schrei nicht! Es geht im Folgenden um das Extrem unserer Möglichkeit, sich zu äußern: um den Krach.

Über Krach, Geschrei und Lärmvermeidung

Nehmen wir an, du stündest neben mir. Vielleicht auf eurem Balkon, vor eurem Haus, wo auch immer. Da drüben, da unten steht nun jemand, den du kennst und dem du etwas sagen möchtest. Was tust du? Läufst du rüber? Kaum. Du rufst natürlich gellend laut, damit der da auch hört, was du sagen willst. Und ich? Ich falle fast um, nicht nur vor Schreck, sondern auch vom Schock des Schreis.

Ein Schulrektor sagte einmal, jeder neue Jahrgang seiner Grundschüler sei lauter als der vorausgegangene. Warum? Er zuckte die Schultern, das sei so.

Es ist so, weil die meisten Erwachsenen nicht mehr sagen: «Sei doch bitte leise! Lauf doch rüber (oder runter) zu deinem Freund und sag's ihm. Du hast doch zwei gesunde Beine!»

Also brüllen die meisten Kinder und Jugendlichen, dass einem das Trommelfell platzen könnte. Ist das höflich? Oder ist es nicht fast eine Körperverletzung?

Bitte sei leise!

Und wenn du dich daran gewöhnt hast, nicht in jedem Augenblick loszuschreien, wie es dir gerade gefällt, dann denkst du vielleicht einmal von selbst an deine Mitmenschen, wenn du die von der Technik verstärkten Töne losdonnern lässt, die dir gefallen: Autoradio, CD-Spieler, Ghetto-Blaster, alles gut und schön bei Normalton. Alles schlecht, eine körperliche Qual, eine grobe Rücksichtslosigkeit, wenn auf Straßen- oder Stadtteil-Lautstärke gestellt. Es nützt manchmal auch nichts, wenn du den Kopfhörer überstülpst. Schlechte Kopfhörer oder zu laut gestellte Musik rinnt aus den Kopfhörern, und dieses leise quiekende und quäkende Geräusch kann deinen direkten Nachbarn mehr irritieren als richtige Musik. Stell also auch dies bitte leise.

Ich weiß, die Erwachsenen machen das Gegenteil vor. Sie lassen rücksichtslos und hemmungslos ihren Beat oder Swing aus dem offenen Angeberauto, von der Terrasse, aus dem sommerlich offenen Fenster dröhnen. Bittet man um etwas Mäßigung, schnauzen sie einen an: «Sie mögen wohl keine Musik?» Oder, wenn sie zum Beispiel ein Gartenfest oder ein Konzert im Stadtpark veranstalten: «Es ist doch nur dieses eine Mal!» Aber wenn jeder in der Nachbarschaft nur einmal einen Abend und eine Nacht lang die Hemmungen fallen ließe, wäre das Leben für die anderen den ganzen Sommer lang eine Hölle.

Dass diese Haltung trotz ihrer weiten Verbreitung falsch und unhöflich ist, kann ich also nur feststellen, aber wohl kaum ändern. Soll ich deshalb resignieren und sagen: Auf das gute Benehmen pfeifen alle, also weg damit? Schluss mit der Mahnung: Seid doch bitte etwas leiser! Schreit und gellt und brüllt und beatet, dass man es auf dem Mond hören könnte!?

Das ist die alte Zwickmühle. Renn und rufe ich mit der Menge, blindlings, ohne an etwas anderes zu denken als an mich? Oder denke ich nach, denke ich an andere, auch wenn es mich aussondert? Auch wenn ich zurückstecke, wenn ich auf etwas verzichten müsste? Bleibe ich, wie man früher sagte, meinen Prinzipien treu?

Es wäre einem ziemlich großen Teil der Allgemeinheit willkommen, wenn du bei dem Prinzip «Ich denke an andere», also: «Ich beherrsche mich und bin leise» bleiben könntest. Gestern habe ich diese Zeilen geschrieben. Heute steht im Hamburger Abendblatt ein großer Artikel über einen Leser, der sich bitterlich über einen jungen Mann beschwert, der jeden Feierabend und jedes Wochenende vor dem Hause offenbar in einer ansonsten friedlichen Wohnsiedlung auf Blech herumhämmert und klopft und Metall schneidet und kreischen lässt. Und der taub ist für die Bitte um etwas Ruhe. «Was soll ich tun?», schreibt der Leser vollkommen verzweifelt, und selbst der Psychologe der Leserberatung kann nur antworten: «Eine Klage einreichen wegen Körperverletzung.»

Juristen sagen, diese Streitigkeiten über den Gartenzaun seien ihr dickstes tägliches Brot. Mein Blech, mein Auto, meine Zaunhälfte, mein Recht auf Krach …

In unserem Haus wohnen Kinder im besten Krachmacheralter. Wenn die Türen geknallt werden, dass bei mir der Stecker aus der Schreibmaschine springt oder Wutgeheul die Fensterscheiben zittern lässt, denke ich: Genauso haben deine eigenen Kinder, hast du selber getobt und gewütet, und wenn es mir zu arg wird, laufe ich hinunter und bitte den kleinen Jungen, die Türen etwas leiser zu knallen, und alle entschuldigen sich, wir lachen, und alles ist wieder gut. Und wenn sie eine richtige Fete machen, kündigen sie es vorher an und überreichen dabei einen Trost-Blumenstrauß, und wir nehmen uns für den Tag etwas Außerhäusiges vor.

Das ist eine Übereinkunft. Das zeigt: dass ein vernünftiger Mensch nicht zum Anwalt rennen und klagen, sondern zu so einer Übereinkunft mit seinen Nachbarn kommen sollte. Die aber erzielt man nicht dadurch, dass jeder sagt, was er will. Statt «Ich will» muss er oder sie bereit sein, «Ich möchte gern» zu sagen oder «Bitte, ich möchte …».

Aber Nachgeben sei charakterlos? Mickerig, weicheierhaft? Ach, das sagt derjenige, der nur die eigene Seite sehen kann oder will. Nachgeben ist die größte Kunst der Höflichkeit und zugleich die nützlichste. Denn wenn jemand deinetwegen nachgibt, bist du sicher eher bereit, auch einmal seinetwegen nachzugeben. So erzeugt ihr ein Klima der Verträglichkeit und Freundlichkeit, das beiden Parteien nützt. Großmut nennt man diese Eigenschaft, die früher als Tugend bezeichnet wurde.

In deinen eigenen vier Wänden kannst du natürlich so viel Krach machen, wie es deine Familie erträgt oder erlaubt. Aber selbst wenn ihr allein in einem Haus wohnt, solltest du möglichst Mittagsruhe halten, also zwischen zwölf und drei Uhr nicht den Rasen mähen, mit dem Schlagbohrer arbeiten, die

Hecke mit einem elektrischen Gerät schneiden und andere laute Geräte benutzen. Du solltest schließlich die Sonntagsruhe achten. Du solltest auch beim Spielen oder Fußball daran denken, dass ihr zwar auf dem eigenen Rasen spielen könnt, aber dass euch nicht die ganze Umgebung gehört.

Wenn du in einem Etagenhaus lebst, musst du an die Mitbewohner über oder unter dir denken. Stell dir zum Beispiel eine Berufstätige vor, die sich auf ihre ruhige Wohnung freut und am Wochenende die Stille auf ihrem Balkon genießen will. Oder einen alten Mann, der gern sein Mittagsschläfchen hält. Was passiert, wenn du losdröhnst? Sie leiden. Sie schimpfen. Oder sie leiden schweigend und fressen ihren immer wiederkehrenden Ärger in sich hinein. Allmählich benehmen sie sich feindselig – und irgendwann kriegst du das, kriegen das deine Eltern zu spüren.

Also was, wenn nicht einer von diesen beiden Beispiel-Erwachsenen längst die Initiative ergriffen hat und zu euch gekommen ist und die ganze Angelegenheit besprochen hat? Dann solltest du es tun. Solltest einen Nachbarn nach dem anderen besuchen und zum Beispiel sagen: «Ich hab jetzt diese tolle Anlage geschenkt bekommen, die ich mir immer gewünscht habe. Ich fürchte, die wummert ganz schön, wenn ich aufdrehe. Ich hab mir gedacht, ich geh mal die verschiedenen Lautstärken durch und Sie sagen, was Ihnen noch erträglich ist. Und wenn ich trotzdem zu laut werde, dann rufen Sie bitte einfach an – und schon nehme ich meinen Kopfhörer!» Und der Berufstätigen sagt man zum Beispiel, dass der Rasen an diesem Wochenende unbedingt geschnitten werden müsste – «Wann stört es Sie denn am wenigsten?» Und wenn es trotz aller Vereinbarungen lauter war als sonst? Ein Töpfchen Glockenblumen für den Balkon, zum Ohrentrost, siehe oben …

Das bedeutet alles in allem: Mach dich bekannt. Bleib nicht anonym, bleib kein Fremder. Sprich mit den anderen Menschen, deren Lebenskreise du berührst. Wenn sie wissen, wer du bist, sehen sie keinen unbekannten Feind in dir. Es fällt ihnen leichter, dir zu sagen, was ihnen nicht passt, und sie haben es von der Seele. Und es fällt ihnen vor allem leichter, dich zu ertragen. Sie lächeln vielleicht sogar dabei.

Ich fasse es noch einmal zusammen:

Schrei nicht, wenn du zu faul bist, ein paar Schritte zu machen und dann mit normaler Lautstärke zu reden. Schrei auch nicht, weil du dir sagen könntest: Es beklagt sich ja keiner! Viele fürchten, von dir nur eine beleidigende oder freche Antwort an den Kopf geschrien zu bekommen, wenn sie um Ruhe bitten.

Schrei nicht, weil du dich in der Gruppe vor einem einzelnen Erwachsenen sicher fühlst. Ist nämlich ein Einzelner so wütend oder so tapfer, sich gegen das Geschrei zu wehren, so pöbelt ihn sicher die ganze Gruppe an. Und das ist schon an der Grenze zwischen Terror und schlechtem Benehmen.

Schrei nicht, weil alle um dich herum schreien. Das nimmt dem Schrei seinen eigentlichen Sinn: Man schreit, weil man einen Schreck bekommen hat. Weil man Hilfe braucht, weil man sich verletzt hat. Man schreit um Gehör. Wer aber ständig schreit, auf den hört keiner mehr, und der Schreier bleibt nicht nur selber allein in seiner Not, er ist auch schuld daran, dass sich um andere, die in einer wahren Not um Hilfe schreien, keiner mehr kümmert.

So. Jetzt verlassen wir Haus oder Wohnung und Nachbarschaft. Es geht um den außerhäusigen Krach und wieder um ein paar Merksätze. Du solltest den Mund halten: im Theater; im Konzert; beim Vortrag; im Kino.

Warum? Weil die anderen ungestört zuhören wollen. Weil da vorn jemand redet oder geigt, den das Gerede stören oder aus dem Takt bringen könnte. Wenn dir die Musik oder der Vortrag nicht gefällt, hast du Pech gehabt. In der Pause kannst du ja leise weggehen.

Du solltest still sein: in der Kirche und auf dem Friedhof. Warum? Weil die Kirche das Haus Gottes ist, dessen Weihe man achtet. Weil in der Kirche Menschen den Gottesdienst feiern und beten und nicht aus ihrer Konzentration auf dieses ihnen so Wichtige und Heilige gerissen werden möchten.

Und auf dem Friedhof gibt man Ruhe, weil man die Trauer derer achtet, die die Gräber ihrer Verwandten oder Freunde besuchen.

«Du» oder «Sie»?

Wir haben uns vorhin vorgestellt, du hättest deines Lärmes wegen deine – ausgedachten – Nachbarn besucht. Wahrscheinlich hätten sie dich ebenso geduzt, wie ich dich duze. Deine tatsächlichen Nachbarn duzen dich vermutlich, weil sie dich seit Ewigkeiten kennen. Ich duze dich, weil ich glaube, dass du noch keine achtzehn Jahre alt bist. Dann nämlich wirst du volljährig und hättest Anspruch auf die Anrede mit Sie und deinem Nachnamen.

In all meinen Schulferien bin ich zu einer Großtante gereist, die in einer kleinen Stadt von etwa dreitausend Einwohnern lebte, wo ich, wie ich meinte, jeden kannte. Und ich kann mich noch genau daran erinnern, wie mich in einem Sommer plötzlich alle musterten, der Gärtner, der einem noch den Salatkopf frisch aus dem Beet schnitt, die Eierbäuerin, die Bäckersfrau, der Arzt meiner Großtante, und dann sagten: «Ei, jetzt müsse mer wohl Sie zu dir sagen.»

Sah ich erwachsen aus? Hatte ich Busen bekommen? Oder die erste Dauerwelle? Ich weiß es nicht mehr. Ich spüre nur heute noch das bittere Gefühl eines Verlustes, den ich nicht hätte definieren können. All diese Menschen dachten gar nicht ernsthaft daran, mich zu siezen. Aber sie hatten eine Grenze gezogen, hatten mich gewarnt: Bald wird die Sache ernst, mein Mädchen, bald ist die Kindheit vorbei. Bald bist du eine von uns, eine, zu der man Sie sagt.

So kann man das empfinden, fast als Ausgestoßenwerden. Aber das war noch in der Zeit der unangefochtenen Sie-Gesellschaft. Es gab Regeln, an die man sich hielt, ohne lange darüber nachzudenken. Kinder wurden geduzt. Familie, Freunde, Arbeits- und Sportskameraden duzten sich auch, aber im Allgemeinen galt das Sie. Dieses feste Gefüge löste sich erst nach 1968, nach der Studentenbewegung, auf.

Damals duzten die Hochschullehrer ihre Studenten und umgekehrt, um die Distanz zwischen den jungen Leuten und den Professoren hoch oben auf ihren Kanzeln zu verringern. Das Du erzeugte vor allem ein leidenschaftliches Wir-Gefühl. Wer sich duzte, gehörte dazu, wer sich duzte, war progressiv und modern und eben kein alter Sack, kein Professor mit dem Muff von tausend Jahren unter dem Talar.

Das ist lange her und die antiautoritäre Phase bereits Geschichte. Schon vor einigen Jahren stand in der Zeitung, dass Professoren vom Du zum Sie zurückwollten, um wieder sprachliche Distanz zu ihren Studenten zu schaffen. «Es ist eine Illusion, zu glauben, wir brauchten das Sie nicht mehr», schrieb ein Hochschullehrer in Bremen, der der Ansicht war, dass Unterschiede in der Gesellschaft auch ausgedrückt werden müssten. «In Deutschland ist das immer über das Du und das Sie gelaufen.» Für ihn war das etwas, «womit andere an die Kette gelegt werden». Er fand nicht nur, dass durch das Du eine vertraute Nähe vorgetäuscht werden solle, die unterdessen von der Wirklichkeit längst abgeschafft worden sei, es würden auch «durch eine vertrauensvolle Anrede Konflikte und Widersprüche unter den Teppich gekehrt».

Da zeigt sich ein Wandel in den Umgangsformen, der nicht nur auf akademische Kreise beschränkt war und ist, aber von jungen Menschen, vor allem von jungen Menschen in der Abhängigkeit von Chefs und anderen Ausbildern besonders deutlich und manchmal schmerzhaft wahrgenommen wird.

Beginnen wir noch einmal in akademischen Kreisen. Wenn zum Beispiel eine Studentin andere unbekannte junge Leute ihrer gewohnten Sitte nach duzt und mit dem Vornamen anspricht und dann merkt, sie ist mit dieser Sitte allein, alle anderen siezen sich und sie, so fühlt sie sich entsetzlich unwohl. Der Ausweg wäre gewesen: Sie wartet erst einmal vorsichtig ab, wie die Anrede in dieser Gruppe gehandhabt wird. Fragt zur Not: «Sagt ihr euch du oder Sie?», und steigt auf jeden Fall mit Sie ein.

Ist sie in eine Du-Gesellschaft geraten, wird ihr schon bald jemand zu verstehen geben, dass sie mit dem «Sie, Herr Meier» aufhören kann.

In Gruppen, das wird allgemein akzeptiert, gehört das Duzen dazu. Dort erzeugt es, wie zum Beispiel das SPD-Du, das warme Gemeinschaftsgefühl. Wenn aber ein Jungsozialist einem SPD-Staatssekretär etwas zu sagen hat, geht ihm das Du nicht so leicht oder sogar gar nicht über die Lippen. Soll er es trotzdem verwenden? Ich würde sagen: nein. Lassen wir dem Staatssekretär in einem solchen Fall die Möglichkeit, die jedem Älteren, jedem Vorgesetzten zusteht, lassen wir ihn also durch seine eigene Form der Anrede entscheiden, ob er das allgemeine Duzen akzeptiert.

Als unverschämt empfinden es Junge, wenn Ältere sie nur deshalb duzen, weil sie eben älter sind. Ein Abteilungsleiter, der alle jungen Kollegen und Volontäre duzt, erzeugt ungute Gefühle, weil er durch diese Anrede immer wieder spüren lässt, dass er die Macht besitzt und im schlimmsten Fall nicht zögern würde, sie auch auszuüben und auszunutzen.

Im Prinzip ist es so, wie oben erwähnt: Der Ältere bietet dem Jüngeren das Du an. Nur die weibliche Person besitzt das Recht, der männlichen das Du anzubieten.

Auf diese Prinzipien stößt man immer wieder: Den Älteren wird die Weisheit und die Würde zugestanden, auch die Erfahrung, sodass sie sich in allen gesellschaftlichen Situationen rich-

tig entscheiden. Deine eigene Erfahrung wird dich schon ge-
lehrt haben, dass diese Ansicht nicht immer stimmt. Auch ein
älterer Mensch kann boshaft, dumm, uneinsichtig und vollkommen würdelos sein. Trotzdem gilt das Ideal. Es ist immer
die beste Form aller Möglichkeiten, die uns vor die Nase gehalten wird: So könntest du sein, so solltest du sein.

Spricht etwas dagegen, dass du dich lieber nach einem Ide-
albild richtest statt nach einem Zerrbild all unserer schlechtes-
ten und gemeinsten Eigenschaften?

Weiter: Den Frauen wird zu ihrem eigenen Schutz eine
Möglichkeit eingeräumt, sich aufdringliche Kerle vom Leibe zu
halten.

Das ist nicht schlecht, denn in unserer Gesellschaft, in der
es kaum noch ein Tabu gibt, in der mit den sexuellen Schran-
ken auch die des Privaten gefallen oder gefährdet sind, braucht
man die letzten Möglichkeiten, um den Intimbereich des eigenen Ichs zu bewahren.

Das Du und das Sie bezeichnen schließlich die Generations-
grenze. Ältere wollen sie manchmal gern aufheben, wollen jung
bleiben oder wenigstens jung wirken und duzen deshalb unge-
fragt und blindlings um sich herum, was es nur zu duzen gibt.
Peinlich, peinlich für die Alten, besonders wenn die Jüngeren
dann streiken und ihrerseits nicht nur eisern beim Sie bleiben,
sondern um die ihnen gesetzlich zustehende korrekte Anrede
bitten.

Das gilt nicht nur für den anfangs erwähnten Professor und
das Duzen seiner Schüler, für den Chef und seine Angestellten,
das kann auch ein privates Problem sein. Nimm einmal an:
Eine Frau im Alter deiner Mutter bietet dir das Du an. Ist das
nett oder nicht? Diese Frage kannst nur du entscheiden. Wenn
du sie magst, ist wahrscheinlich alles in Ordnung. Wenn du ein
unbehagliches Gefühl hast, wenn du meinst, sie wolle sich nur
anbiedern, sie wolle sich (oder dir) nur beweisen, wie vorurteils-

frei und offen für die Probleme der Jugend sie ist, so bleib lieber beim Sie. Lass dich nicht verlocken, lass dich nicht auf die sanfte Art zu etwas erpressen, was dir nicht behagt.

So eine Standhaftigkeit wäre auch eine gute Übung für später, für zum Beispiel eine Klassenreise oder einen Betriebsausflug, bei dem nicht selten eine wahre Duz-Epidemie ausbricht und voller Fest- und Alkoholseligkeit alle Widerstände niedermacht. Um dich herum trinken alle Brüderschaft, und am nächsten Morgen brummt ihnen vor Reue der Kopf. Jetzt hast du dein ganzes Leben lang diesen Fiesling als «mein Karl-Heinz» an der Backe, jetzt sollst du die Frau Doktor duzen. Jetzt kann dieser Schleimer aus der anderen Abteilung, den du dir bisher immer voll Fleiß vom Halse gehalten hast, «du, mein liebes Klärchen…» sagen. Oder?

Nicht die Spur. Du kannst unbeirrt am nächsten Tag beim Sie bleiben (wenn du willst!). Ein Betriebsfest und ähnliche Veranstaltungen sind so etwas wie eine Faschingsnacht. Im Karneval duzt man sich im allgemeinen Trubel, und am Aschermittwoch ist alles wieder wie vorher.

Denk daran: Du bist in deinem Privat-Reich der Herr oder die Herrin. Du hast das Recht, das Tor geschlossen zu halten oder zu öffnen. Und mit dem Du lässt du jemanden dichter an dich heran, als dir ein paar Tage oder Jahre später vielleicht lieb ist.

Sag also lieber so lange Sie, wie du es magst.

Ein paar ewig nervende Ermahnungen und ihr Sinn

Es gibt eine Reihe von Anstandsregeln, die Kinder peinigen, weil sie sie immer und ewig hören müssen, und die Erwachsene ungeduldig und gereizt machen, weil sie sie immer und ewig wiederholen müssen.

Wenn du jedoch über ein paar solcher Sätze nachdenkst, wirst du merken, dass es wie bei dem Befehl: «Red nicht mit offenem Mund!» eine Mischkulanz von guten und von zeitbedingten Gründen gibt. Da muss man wieder entscheiden, ob einem das Altmodische heute noch sinnvoll erscheint. Beginnen wir mit folgendem: «Sitz gerade!»

Darüber kannst du auch auf Seite 50 im Zusammenhang mit der Haltung lesen. Es ist im Übrigen ein Befehl, der gut für dein Rückgrat ist. Auch für dein allgemeines Wohlbefinden – aber das kann dir dein Hausarzt viel besser erklären. Vielleicht sogar aufzeichnen, wie dein armer Magen beim Krummsitzen gequetscht wird und so weiter.

Also: Auch wenn dieser Satz nervt, er hat Sinn, weil er dir nützt. Weiter:

«Bohr nicht in der Nase!»

Ich saß einmal in einem Zug, der irgendwo ziemlich lange Aufenthalt hatte. Auf dem Nachbargleis rollte ein anderer Personenzug heran, hielt, und ich saß parallel zu einem Mann, der mich offenbar nicht sehen konnte und in aller Seelenruhe seine Nase und seine Ohren entpopelte. Mir graust es nicht so rasch, aber diese Bohraktion dauerte so lange wie sein Aufenthalt, und ich konnte verfolgen, wie der Unbekannte die Früchte seiner Arbeit nebeneinander auf den unteren Fensterrahmen klebte.

So etwas kann einem die Lust am Reisen rauben.

Also: auch ein höchst sinnvoller Satz. Denn es geht nicht nur darum, dass einem beim Zuschauen schlecht werden könnte. Es geht auch um etwas Allgemeines. Wie sähen (und wie sehen) die von allen zu benutzenden Einrichtungen unserer Umwelt aus, wenn jeder seinen Körpermüll in der Öffentlichkeit entsorgte. Dieser Sinn steckt in vielen anderen Sätzen:

Schmeiß dein Einwickelpapier vom Eis am Stiel nicht auf den Boden! Auch (später!) nicht deine Kippe, dein benutztes Tempotaschentuch und und und.

Benutz die (meist unübersehbar großen) Abfalltonnen neben der Frittenbude für die leer gegessenen Papp-Tabletts.

Wirf die leeren Getränkedosen nicht ins Park-Gebüsch.

Wirf die leeren Flaschen wirklich in den allgemeinen Glascontainer und nicht daneben.

Das sind also Sätze, die auch mit Hygiene zu tun haben (denk an die Bazillen im Tempotaschentuch), mit Ästhetik (denn viele finden verdreckte Straßen und Plätze scheußlich) und mit Geld: Die Straßenreinigung wird aus Steuergeldern finanziert.

Es geht schließlich auch um Umweltbewusstsein und Tierschutz. Ich war vor ein paar Jahren in einer Klinik «zur Wiederherstellung des Bewegungsapparates», idyllisch im Walde gelegen. Man konnte an dem Wall der weggeworfenen Schnapsfläschchen, Bierdosen, Kekspapiere und anderem genau ablesen, wie weit die Bewegungsapparate schon wiederhergestellt waren und bis zu welchen Bänken im Umkreis der Klinik die Patienten zu spazieren pflegten. Mein Fuß erlaubte mir bald wieder Wanderungen, und ich traf im Hochwald ein Reh, das mit einem Vorderhuf in einen leeren Joghurtbecher gesprungen sein musste. Er saß ihm als raschelnde Manschette ums Gelenk. Wer weiß, was aus dem vollkommen panischen Tier geworden ist.

Das nächste Beispiel:

«Kannst du dich nicht anständig benehmen?»

Diesen Satz hört ein Kind, wenn es vor Wut zerspringt. Das hört ein Mädchen, wenn es «breitbeinig wie ein Kutscher» dasitzt. Das hört ein Junge, wenn er aus Trotz und Elternverachtung etwas extra anders macht, als es die Alten wollen. Das ist also ein pauschaler Befehl, eigentlich ohne Inhalt, denn «anständig» ist so allgemein, dass das Wort alles und nichts heißen kann.

Und genau das ist, vielleicht unbewusst, vom Erwachsenen beabsichtigt. Er will dich an etwas erinnern, was er dir schon so oft vorgepredigt hat, dass er nun keine Lust mehr hat, nochmal von vorne anzufangen. Er hat dir so oft gesagt, was er unter

Anstand versteht, unter gutem Benehmen, dass es ihm reicht, wenn er dir sozusagen nur das Stichwort zuruft.

Zappelkinder können durch solche Sätze bis zur Weißglut gereizt werden. Und wenn eine Mutter Pech hat und viele Leute anwesend sind, damit sich die Provokation auch lohnt, benehmen sie sich dann extra wie die Axt im Walde und stellen die schmutzigen Straßenschuhe auf den Küchentisch.

Phlegmatische Kinder denken schon ziemlich früh und immer bei sich: Jaja. Weiß ich doch. Und die Frau weiß, dass ich es weiß. Was regt sie sich jedes Mal wieder so auf? Und gehen mit den Schnee- und Matschstiefeln eben nicht quer durch die ganze Wohnung.

Du siehst, Benehmen ist sicher keine Glückssache, aber es kann manchmal eine Frage des Charakters oder des angeborenen Temperamentes sein.

Noch ein paar goldene Lebensregeln:

«Musst du immer Kaugummi kauen?»

Na? Musst du?

Ich weiß, Kaugummi kauen ist gut für die Kiefermuskulatur, für die Zähne, für den reinen Atmen, für den Kaugummihersteller. Aber wenn du kaust, siehst du aus wie ein Tier. Und wenn sich mir im Bus oder in der Bahn jemand gegenübersetzt, der Kaugummi kaut, bin ich verloren. Dieses leise Schmatzgeräusch und dieser gewisse stumpfsinnige Gesichtsausdruck – also, ich muss aufstehen und mir einen anderen Platz in der kaugummifreien Zone suchen.

Noch schlimmer als Kaugummikauen ist das Kaugummikleben. Ich hasse es, unter öffentlichen Tischen und Stühlen ausgekaute harte Kaugummiknödel entdecken zu müssen. Ich hasse es, wenn sich ein fremder Kaugummi schier untilgbar in die Ritzen meiner Gummisohlen klebt.

Du merkst schon, ich bin Partei, besser: Gegenpartei. Und deshalb steht es mir kaum zu, im eigenen selbstsüchtigen Interesse zu behaupten, das Kaugummikauen sei unerzogen. Ich kann nur mit leiser Stimme sagen: Es sieht scheußlich aus. Man sollte es nicht in der Gesellschaft tun. Des Schmatzens wegen auch nicht im Konzert, im Gottesdienst, in der Oper. Und ich kann zum Schluss nur bitten, sei doch so rücksichtsvoll und mach dabei wenigstens den Mund zu!

«Iss nicht auf der Straße!»

Das ist ein Elternsatz aus der Zeit vor der Erfindung der Currywurst und der Pommes mit Mayo.

Der Grund dieser Vorschrift ist heute noch nicht von der Hand zu weisen. Wie leicht spritzt die Bratwurst gerade beim ersten Bissen ein grässliches Fett aus, das erst beim Abreiben seine ganze Tücke und Schmierigkeit enthüllt. Ist der schöne rote Ketchup mitgespritzt, so musst du bis Schul-Ende oder bis zum Abend in einem bekleckerten Hemd oder T-Shirt herumlaufen. So kann man den obigen Satz variieren: Iss nur Trockenes in der Öffentlichkeit. Oder: Pass gut auf, wenn du zubeißt! Und beachte die Regel, die in manchen Bussen und S-Bahnen auf Schildern verewigt ist: Nimm keine fettigen Fritten und keine tropfende Eiscreme mit ins öffentliche Verkehrsmittel. Ein Ruck, eine jähe Bremsung, und dein Vorder- oder Hintermann hat das Eis an der Jacke. Oder die Fritten fliegen dir aus der Tüte und auf den Sitz, und wenn ich mich ahnungslos neben dich und auf deinen Fettfleck setze, freue ich mich ganz und gar nicht, bekomme keinen Rock gereinigt und, falls ich mich beklage, so wie neulich, von einem jungen Mann eine freche Antwort: «Sie können ja aufpassen, wo Sie sich hinsetzen!»

Wie im Krimi, der Ermordete ist selber schuld.

«Kränke niemanden!»

Auch dieses Thema haben wir schon behandelt, aber man muss immer wieder darauf hinweisen, denn dieser Satz ist ein Kernsatz unseres Benehmens. Er ist eigentlich viel mehr. Er ist eine Lebensregel.

Nun kränkt man ja eigentlich nur sehr selten jemanden absichtlich und aus Bosheit. Eine Kränkung geschieht gerade aus Nichtachtung, aus Missachtung, ist eine Unterlassung. Es ist dir oft gar nicht klar, dass du jemanden tief gekränkt hast. Du hast es nicht gemerkt, du hast jemanden gar nicht wahrgenommen – und gerade das trifft ins Herz. Denn du hast jemanden zu einem Niemand gemacht. Das ist eine Herzlosigkeit, eine Gedankenlosigkeit und es ist auch unhöflich.

Wie kann man das vermeiden? Wie kann man vor allem die Folgen vermeiden, die oft zu ganz überflüssigen Streitigkeiten führen?

Denk einmal an dich und deine Familie. Es gibt Tanten, Großväter, Lebenspartner deiner Eltern, die sich leicht lieben lassen. Sie sind wahrscheinlich großmütig, lebensvoll, lustig, nehmen nichts so leicht krumm, und du musst schon lächeln, wenn du nur an sie denkst. Sie freuen sich, wenn ihr beieinander seid, und wenn ihr euch nach einer meinetwegen jahrelangen Trennung wiederseht, geht alles gleich so weiter, als ob ihr euch erst gestern voneinander verabschiedet hättet. Obgleich keiner einen Pflichtbrief geschrieben oder einen Pflichtbesuch gemacht hat.

Solche Menschen sind ein wahres Gottesgeschenk. Aber du darfst dich eben nicht darauf verlassen, dass alle so ähnlich sind, so mit sich zufrieden und so ausgeglichen, dass sie keine Selbstbestätigung brauchen.

Denk wieder an dich. Bist du von Natur aus so heiter und selbstsicher, dass es dir aber auch rein gar nichts ausmacht, wenn sie dich in der Schule hänseln? Oder noch ärger: gar nicht beachten? Macht es dir ehrlich nichts aus, wenn deine Familie deinen Geburtstag vergisst? Wenn dir keiner eine bunte Karte schickt? Dir nichts zu Weihnachten schenkt, weil sie dich einfach nicht auf der Liste haben? Wenn du der Einzige bist, der zu einem bestimmten Freundesgeburtstag nicht eingeladen wird?

Wenn du siehst, wie andere deiner Schwester um den Hals fallen und dich nicht einmal anschauen?

Hast du dir das alles vorgestellt? Dann kannst du wahrscheinlich genau das tun, was ich dir nur in Andeutungen raten kann, weil ich dich und deine Welt nicht kenne. Aber wenn du meinen Rat annimmst, wirst du nicht nur das sein, was die Erwachsenen wohlerzogen nennen. Du wirst auch etwas Gutes tun, etwas, das dich verändert.

Wo also liegt das Geheimnis? Zum Beispiel darin: Tu nicht immer nur, was dir Spaß macht! Erwarte nicht, dass die anderen alles schön finden, was du schön findest. Erwarte nicht, dass sie immer nur tun, was dir Spaß macht! Spiel mit! Halt dich nicht für besser als die anderen! Auch nicht in deiner Familie. Schreib einer entfernt lebenden Großmutter dann und wann, aber sicher zum Geburtstag einen Brief. Oder ruf sie an. Sie kümmert sich aber gar nicht um dich? Du weißt ganz genau, dass die Weihnachtsgeschenke, die angeblich von ihr stammen, von deinen Eltern gekauft worden sind? Und selbst wenn du sie anrufst, so jammert sie nur, dass du sie nicht öfter anrufst? Und falls es dir herausrutscht, dass sie dich ja auch einmal anrufen oder dir schreiben könne, so ist sie gleich die gekränkte Leberwurst und sagt: «Wo kämen wir denn da hin?» Es sei die Pflicht des Enkelkindes, sich um die arme alte Großmutter zu kümmern und so weiter und so fort.

Solche Menschen sind genau das Gegenteil von einem Gottesgeschenk. Sie können eine Prüfung sein, aber sie sind in der Mehrheit, und deshalb richten sich die goldenen Benehmensregeln nach ihnen. Bei ihren heiteren Gegen-Gestalten brauchst du nicht lange nachzudenken. Sie geben dir das, was sich der Mensch ersehnt, weil es seine Seele braucht wie die Blume das Wasser.

Im anderen Fall bist du – um im Blumenbild zu bleiben – der Gärtner. Welkt da ein Veilchen? Dann hast du es vergessen.

Oder du hast es in die falsche Erde gesetzt. Kümmere dich also um die Eigenart deiner schwierigen Topfpflanze. Vergiss sie nicht. Schreib der Patentante etc. zum Geburtstag. Und bedanke dich möglichst innerhalb von vierzehn Tagen, wenn sie dir geschrieben oder etwas geschickt hat (auch wenn es nur das Werbegeschenk ihrer Bank gewesen ist). Besuch sie von Zeit zu Zeit, wenn sie am selben Ort wohnt wie du. Unterhalte dich mit ihr, wenn sie von deinen Eltern zum Beispiel mit vielen anderen am Neujahrstag zur Mittagssuppe eingeladen wird, und du siehst, dass sich sonst keiner um sie kümmert.

Begrüße sie so, wie sie es als «ordentlich» bezeichnen würde. Nicht nur mit «Hey!», sondern: «Guten Tag, Tante Thea. Ich wünsche dir ein glückliches neues Jahr!»

Und wenn sie alle anderen begrüßt und sich gesetzt hat: «Darf ich dir eine Suppe bringen, oder willst du selbst schauen, was es bei uns gibt?»

Heb ihr die Serviette auf, such ihr die Brille oder zeig ihr deinen neuen Goldfisch – was weiß ich, welche Möglichkeiten zur freundlichen Aufmerksamkeit du hast.

Kontakt*pflege*

Vom Briefeschreiben und -beantworten

Briefe und Telefongespräche sind eine Variation des Themas Sprache und Höflichkeit. Also:

Wie teilt man sich mit? Wie bleibt man in Verbindung?

In der ZEIT habe ich einmal eine Kolumne über Briefe geschrieben und mich beklagt: in der Post wieder nichts als Reklame ...

Du kannst dir nicht vorstellen, welch ein Brief-Gestöber daraufhin auf mich niedergegangen ist. Alle schrieben mir ungefähr dieses: «Da irren Sie sich aber gewaltig! Ich schreibe trotz Computer und E-Mail Briefe!» Und: «Sie Arme! Weil Ihnen keiner schreibt, bekommen Sie heute Post von mir!»

Und ich bekam Briefe auf farbigem Papier, in goldener Schrift, mit aufgeklebten Buchstaben und Bildern. Leporello-Briefe, gereimte und in Fraktur schöngeschriebene Texte. Briefe in durchsichtigen Umschlägen, aus denen Metallsterne und -herzen flatterten. Fotomontage-Briefe, Briefe, in denen drei Leute immer abwechselnd einen Satz geschrieben haben – kurzum, Beweise dafür, dass die Briefkunst lebt. Dass Briefschreiben zu unseren Konventionen gehört.

Die Konsequenz für dich: Schreib Briefe. Beantworte Briefe. Schreib deinen Freunden, schreib deinen Familienangehörigen. Je älter sie sind, desto mehr freuen sie sich. Schreib mit Bleistift, Tinte, Filzstift, PC – Hauptsache, du schreibst. Das ist sozusagen die Vorübung der Höflichkeit. Denn beim Briefschreiben liegt diese in der Reaktion auf die freundliche Zuwendung der anderen. Selber Briefe schreiben ist nett. Briefe beantworten ist höflich. Briefe an unbekannte Onkel und Tanten und Großeltern können eine langweilige Pflichtübung sein. Sie dennoch zu schreiben und zu beantworten ist die Krone der Briefschreib-Höflichkeit. Ich hoffe, dass du dadurch belohnt wirst, dass dir deine Partner unerwarteterweise mit den nettesten Briefen der Welt antworten!

Später bringen dir deine Leute oder Lehrer oder Lehrherren und -damen schon bei, wie man Geschäftsbriefe und Kondolenzbriefe und korrekte Briefe schreibt.

Merk dir jetzt nur schon: Versieh möglichst jeden Brief mit Datum und Absendeort, schreib also ganz oben oder ganz unten: «Hamburg, 13. 2. 2001.»

Schreib, wenn du mit der Hand schreibst, leserlich. Schließlich: Vergiss nicht, den Brief mit deinem Namen zu unterschreiben. Möchtest du eine Antwort bekommen, so schreib deine Anschrift auf die Klappe des Briefumschlags. Oder kleb eine von diesen praktischen Etiketten mit Namen und Adresse auf die Kuvert-Lasche.

Ist es unhöflich, Briefe wegzuwerfen? Soll man also Briefe aufheben?

Ja, wenn sie dir Freude gemacht haben oder aus sachlichen Gründen wichtig sind.

Nein, wenn der Inhalt belanglos ist.

Wie? Das ist Charaktersache. Meine privaten Briefe kommen chronologisch auf einen Stapel, und ich weiß seit Jahrzehnten, in welcher Schicht ich suchen muss, falls ich suchen muss. Meine geschäftlichen Briefe werden alphabetisch abgeheftet.

Muss man Durchschläge oder Kopien machen oder das Briefkonzept aufheben?

Ja, von allen Briefen mit Inhalten, auf die du dich noch einmal beziehen möchtest, an die du anknüpfen willst. In solchen Fällen ist es praktisch, wenn man sich noch einmal vor Augen halten kann, was man vor zwei Monaten eigentlich behauptet oder verabredet hatte. Oft reicht es, wenn du dir eine Notiz auf den Brief machst, den du erhalten hast. Sagen wir, dein Onkel lädt dich ein, ihn in den Sommerferien zu besuchen. Dann schreibst du ihm vermutlich, zusammen mit deinen Eltern, einen Brief, damit er deine Zusage schwarz auf weiß hat und dich nicht vergisst, und du bedankst dich gleichzeitig für die Einladung. Auf seinen Einladungsbrief brauchst du dann nur zu notieren: «3. 4.: schriftlich zugesagt.»

Worauf beim Telefonieren zu achten ist

Das Telefon ist, wie viele sagen, der Feind der Briefkultur. Es ist jedenfalls ein Alltagsmöbel, mit dem man erstaunlich unhöflich sein kann.

Schon dadurch, dass du es benutzt. Wenn sich die Telefongesellschaften auch gegenseitig die Preise nach unten zerren: Telefonieren kostet Geld. Also vergeudet man nicht unbedacht das Geld anderer. Es ist schön, stundenlang am Telefon zu hängen, aber um zu sparen, solltest du lieber eine E-Mail, ein Fax oder einen Brief schreiben. Oder deine Bezugspersonen zumindest gelegentlich um Erlaubnis zu solchen Endlostelefonaten bitten. Das solltest du auf jeden Fall in einem fremden Haus. Man geht nicht an ander Leuts Telefon, als ob es das eigene wäre, und ruft aus Wien mal schnell zu Hause in Husum an, um zu fragen, wie das Wetter ist. Wenn Wien Ferien- oder Reiseziel ist, fragst du den Gastgeber: «Darf ich bitte daheim anrufen, dass ich gut gelandet bin?», und keiner wird es dir abschlagen.

Wenn du länger in Wien bleibst und gelegentlich in Husum anrufen möchtest, so kannst du fragen: «Gibt es eine Telefon-Kasse, in die ich euch etwas einzahlen kann?», oder du bittest die Husumer, bei dir in Wien anzurufen.

Da wären wir bei der nächsten Frage: Kann man anrufen, wann es einem passt?

Rüde Leute sagen: «Na klar!» Aber sicherlich hast auch du

erlebt, wie sich einer freut, wenn er samstags früh um acht Uhr aus dem schönsten Tiefschlaf geklingelt wird.

Es ist also höflich, an den Telefonpartner zu denken und sich auszurechnen, ob man ihn jetzt mit einem Anruf stört oder nicht. Wie lange schläft er morgens? Macht er nach dem Mittagessen ein Nickerchen? Hört er die 20-Uhr-Nachrichten? Geht er früh oder spät ins Bett?

Die Antworten auf diese Fragen geben dir die Zeiten an, zu denen du anrufen kannst, ohne zu stören. Diese Termine könntest du dir auch ins Telefonbuch schreiben, dann weißt du Bescheid.

Was kannst du nun umgekehrt machen, wenn dich jemand mit seinem Anruf stört? Wenn zum Beispiel deine Eltern schon im Auto sitzen und nur noch auf dich warten? Wenn der Tisch gedeckt ist und gerade jemand die Schüsseln mit dem heißen Essen aufträgt? Wenn du mit dem Vater gerade ein Tennisspiel anschaust? Dann ist es so korrekt wie höflich zu sagen: «Entschuldige bitte – jetzt geht's nicht. Darf ich dich in einer Viertelstunde zurückrufen? Oder willst du dich noch einmal melden?» Weißt du die Telefonnummer nicht? Dann lass sie dir sagen und schreib sie auf den Block, der sicher neben eurem Telefon liegt.

Nun wollen wir es aber endlich zu deinem Telefongespräch kommen lassen. Du rufst die Freundin Rosemarie an. Wenn sie sich meldet, sagst du natürlich deinen Namen: «Hier ist Ille.» Und dann das, was du zu sagen hast.

Rufst du einen Fremden oder einen Erwachsenen an, so sagst du den ganzen Namen: «Hier ist Ille Müller. Kann ich bitte Rosemarie sprechen?», und so weiter und so weiter.

Hast du den Hörer abgenommen, so sagst du auch deinen vollen Namen. «Ille Müller» oder «Müller junior».

Bist du in einem fremden Haus, so deutest du das an, damit der Anrufer weiß, dass du kein Kind ebendieses Hauses bist. Du sagst also: «Ille – oder Otto – Müller bei Familie Pressler.»

Nimmst du den Hörer zum Beispiel im Geschäftszimmer deines Sportclubs ab, so machst du dem Anrufer klar, dass du nicht der Clubsekretär bist, er dich also nicht mit seinen ganzen Clubsorgen überschütten kann. Du nennst zuerst den Namen des Clubs, also «Ruderclub Eintracht, Otto Müller am Apparat». Oder: «Ruderclub Eintracht, Otto Müller, Mitglied der Jugendriege.»

Wenn ein fremder Anrufer, in so einem Club oder bei euch daheim, etwas ausrichten lassen will, so bitte ihn um den Namen, den du sicher nicht verstanden oder behalten hast, als er sich meldete. Nein, es ist nicht unhöflich, einen Nuschler oder eine hastig Hippelige um Wiederholung zu bitten. Sag ruhig: «Könnten Sie bitte deutlich (oder langsam) sprechen? Ich habe den Namen nicht verstanden.» Oder: «Könnten Sie ihn mir buchstabieren?» Oder: «Wie ist bitte Ihre Telefonnummer, falls meine Mutter gleich zurückrufen möchte?»

Lass dich dabei nicht hetzen. Lass dich auch nicht von der eventuellen Ungeduld des Anrufers bedrängen, frag so lange nach, bis du den Namen richtig aufgeschrieben und die Telefonnummer notiert hast. Deine Mutter – oder für wen das Telefongespräch war – wird's dir danken.

Letzter Hinweis: Vor geraumer Zeit konnte ich machen, was ich wollte, immer wenn ich den Hörer abhob, war ich mitten im Telefongespräch von anderen Leuten, aber in meiner Straße. Es nützte gar nichts, wenn ich mich warnend räusperte oder sagte: «Oh, entschuldigen Sie bitte, dass ich in Ihr Gespräch geraten bin ...» Die anderen hörten mich gar nicht, und ich musste mich sehr beherrschen, um nicht manchmal höchst interessiert zuzuhören.

Seit damals bin ich vorsichtig mit dem, was ich beim Telefonieren sage. Vielleicht findest du es ja auch höflich, auf Verdacht Rücksicht zu üben.

Der Umgang mit dem Mobiltelefon

Ein Mobiltelefon hat heute fast jeder. Es heißt im Volksgebrauch Handy, was ein erfundenes Wort ist und so unübertrefflich englisch klingt, dass es die halbe Reklame darstellte.

Weil der Gegenstand neu ist, kommt er höchstens in seiner Urform, dem Fernsprechapparat, kurz: Telefon, in Büchern über Manieren vor. Du kannst also selber verfolgen, wie wir alle ein neues Kapitel unserer Umgangsformen zusammenstellen. Was nimmst du nun wahr? Du siehst einen Menschen mit einem Handy am Ohr vorm Warenhaus an einer Mauer lehnen und hörst ihn sagen: «Also, diese Frühstücksteller sind nur zweiundzwanzig Zentimeter im Durchmesser ... Wie? ... Ja, Preis wie Katalog ... Was? ... Du misst gerade nach? ... Zweiundzwanzig reichen? Na gut, dann nehm ich die.»

Praktisch, nicht wahr? Der Mann hat sich eine Hin- und Herfahrt gespart. Ihn hat das nicht gestört, dass du oder ich bei seiner Teller-Arie zugehört haben, und uns stört kein Handy-Benutzer, wenn er einem nicht mitten im Wege steht oder so in seinen Apparat brüllt, als ob er die Entfernung zum Gesprächspartner mit seiner eigenen Stimme überbrücken müsste.

Es stört auch nicht, wenn er im Inter-Regio steht und sagt: «Kannst schon mal die Bratkartoffeln aufsetzen. Bin pünktlich.» Oder im Bus im Stau: «Bin unpünktlich!»

Diese Szenen zeigen, wie nützlich das Handy ist. Du kannst dich von überall melden, um zum Beispiel zu sagen, dass dein Zug doch die übliche Verspätung hat und du beim Umsteigen den Anschluss nicht kriegst und dich wieder melden wirst – du kannst dadurch verhindern, falls dich am Ziel der Reise jemand abholen will, dass diese Person ahnungslos startet und dann eine oder zwei Stunden in Kälte und Sturm auf einem Bahnhof ohne Warteraum herumfrieren muss.

Du kannst vor allem deinen Eltern Bescheid sagen, dass du nun doch noch nicht Punkt zweiundzwanzig Uhr zu Hause sein wirst, dass sie dich aber nicht von der Party abholen müssen, weil Michis Vater um halb elf den Michi abholt und dich gleich mitnehmen wird.

Und wenn eure ganze Gesellschaft einen kleinen Zug durch die Gemeinde beschließt, kannst du das ebenfalls ankündigen, und deine Erwachsenen wissen, wo du steckst und brauchen sich keine Sorgen zu machen.

Sagen wir also: Es ist wohlerzogen, wenn sich eine Tochter oder ein Sohn per Mobiltelefon erreichbar halten.

Nein? Das sei im Gegenteil Zwang, Herrschaftssymbol etc. und du seist ja kein Baby mehr?

Diesem letzten Argument stimme ich zu, dem ersten entschieden nicht. Denn mein erster Impuls als Mutter ist, mein Kind zu schützen. Ich weiß aus einer längeren Erfahrung als du, dass das nötig ist. Ich möchte nicht, dass meine Kinder allein und verlassen irgendwo in der Nacht herumirren. Ich bin vielmehr froh, dass die Technik uns die Möglichkeit bietet, gerade in solchen Situationen in Verbindung zu sein.

Ich melde mich ebenfalls auf meinen Berufs- und anderen Reisen, sodass ich stets erreichbar bin, wer weiß für welche Notfälle.

Jedes Ding hat jedoch zwei Seiten, auch ein Mobiltelefon.

Das Ding kostet vor allem Geld. Es gibt jugendliche Benutzer, die monatlich 600–900 DM zusammenreden. Wer zahlt das? Ist es höflich, Elterngeld so zu verplempern?

Nach dem, was bisher bedacht worden ist, können wir uns vermutlich auf die Situationen einigen, in denen es nicht angebracht bis rücksichtslos, also unhöflich wäre, ein Mobiltelefon zu benutzen. Stell es also aus, damit es nicht piept, klingelt oder zirpt, wenn du

in der Kirche bist.

Im Restaurant sitzt, im Konzert, in der Oper, bei einem Vortrag, in einer Diskussion.

Wenn du eingeladen bist: Falls dich wirklich jemand erreichen will, wird er sicher bei deinem Gastgeber anrufen.

Besonders wenn du bei alten Menschen eingeladen bist, bei Großeltern oder Großtanten, die durch dieses neumodische Zeug erschreckt werden und dann vielleicht zornig oder ängstlich reagieren.

Auf jeden Fall ausstellen: im Flugzeug und im Krankenhaus. Dein Gerät kann die Elektronik stören, könnte im schlimmsten Fall tödliche Unfälle verursachen.

Und stell es immer aus, wenn dich jemand darum bittet! Es gibt schon manche Hotels, die Schilder auf die Tische in der Halle oder im Restaurant stellen: «Bitte hier kein Handy benutzen. Es stehen sehr bequeme Telefonzellen für Ihre Gespräche bereit!» Und im ICE kleben auf den Glastüren der Abteile Schilder, auf denen du einen Kopf im Profil siehst und einen Zeigefinger, der sich in der Pst-Geste den Lippen nähert. Das bedeutet: Bitte in diesen Abteilen kein Mobiltelefon benutzen! Nach einer Befragung von «Stil und Etikette» aus dem Jahr 1999 sagen

95 Prozent nein zum Handy auf dem Friedhof und bei Beerdigungen

92 Prozent nein in Museum, Theater, Kino und Kirche

75 Prozent nein bei Partys und festlichen Empfängen

68 Prozent nein im Berufsbereich, bei Konferenzen, Seminaren und Vorträgen

66 Prozent nein im Restaurant und im Auto.

Passend finden 75 Prozent der Befragten die Handy-Benutzung auf der Straße und an einsamen Stränden.

Gestört fühlten sich die Befragten durch angeberisches Benutzen des Mobiltelefons und durch intime Gesprächsinhalte.

Letzter goldener Satz zum Mobiltelefon-Gebrauch:

Sprich normal, wenn du es benutzt. Die Technik ist so gut, dass die leiseste Stimme übertragen wird.

Also: Gib mit dem Ding nicht an. Es ist ebenso wie ein Auto oder eine Spülmaschine nichts weiter als ein recht praktischer Gegenstand.

Noch etwas, das mit Angabe und dem öffentlichen Raum zu tun hat:

Schmusen in der Öffentlichkeit

ist in. Ob ich durch einen städtischen Park gehe oder auf meinen Bus warte oder auf der Buchmesse zwischen den Standreihen eine Abkürzung nehmen will: Überall wird gestreichelt und geküsst, werden T-Shirts und Hemden hochgeschoben und Hüften gerieben.

Soll man? Darf man? Oder nicht?

Dürfen tut man ja offensichtlich, denn wenn es nicht gerade regnet, ist die Stadt voller Schmuse-Paare. Es geht also nur um das Sollen.

Meine Großmutter sagte in solchen Fällen immer: «Wenn du dich überhaupt schon fragst: Soll ich oder nicht?, so lass es bleiben!»

Ich glaube, sie hatte Recht, denn wenn ich hundertprozentig für etwas bin, so frage ich gar nicht erst lange, sondern mache, was ich will. Aber wenn ich bei einer solchen Frage Zweifel hege, heißt das ja: Ich fühle mich unsicher und unbehaglich. Also lasse ich die Sache lieber.

Außerdem: Wenn ich an diesen Wälze-Paaren auf dem Parkrasen vorübergehe, fällt mir immer wieder auf, wie komisch Liebesblinde aussehen. Was für Gesichter sie ziehen. Welche Verrenkungen sie machen, und ich denke, so schutzlos lächerlich möchte ich mich nicht allen Blicken preisgeben. Ich möchte beim Sex Intimität haben. Ich möchte, dass auch mein Partner meine Privatsphäre achtet und mich nicht im wahrsten Sinn so vor aller Augen entblößt.

Das spricht nicht im Geringsten gegen Liebe und Zärtlichkeit und gegen Umarmung und Kuss, sondern nur dagegen, dass man sich der folgenden Hormonausschüttung in der Öffentlichkeit hingibt.

Und schließlich: Es gibt Menschen, die fühlen sich durch die öffentliche Zurschaustellung blühender Triebe geniert.

Wendest du jetzt ein: «Die sind doch nur prüde und verklemmt!»? Das weiß ich nicht, und du weißt es auch nicht. Du merkst aber, dass du jemanden verlegen machst. Wenn du höflich sein willst, dann nimmst du darauf Rücksicht und bringst ihn gar nicht erst in die Verlegenheit.

Andere macht die Schmuserei vielleicht neidisch. Daran merkst du, wie viel Angeberei in diesem öffentlichen Sex-Theater steckt. «He he, ich hab wen! Seht mal, wie ich das kann!» Also wirklich! Willst du dich so entblöden?

Und manche macht eine solche Demonstration traurig. Vielleicht hat er oder sie gerade einen Partner verloren? Vielleicht gelingt es ihm ganz und gar nicht, überhaupt einen Partner zu gewinnen?

Dann wirkt die Schmuserei nicht nur herausfordernd und selbstgefällig, sondern vor allem herz- und taktlos. Grund genug, die Sache zu überdenken.

Die Kunst des Schenkens

Geschenke erhalten die Freundschaft, sagt man.

Sie sind auf jeden Fall die schönsten Symbole deiner Freundschaft mit anderen Menschen.

Wann hast du zum ersten Mal ein Geschenk gemacht? Vielleicht hat dich deine Mutter mit einem Buntstift einen Krakel unter den Weihnachtsbrief an Großmama und Großpapa machen lassen. Oder du hast ihnen ein Bild gemalt, und jemand von deinen Erwachsenen hat darunter geschrieben: «Das ist der Stern, den Nathalie der Oma schenkt!»

Vielleicht habt ihr im Kindergarten eine Basteltante gehabt und Falt- oder Flechtarbeiten aus Papier gemacht, und so hütet deine Oma sicher immer noch deinen ersten Brief, und ich hüte ein Lesezeichen, das meine Patentochter mir vor vielen Jahren aus rotem und blauem Glanzpapier geflochten hat. Heute ist sie Mitte vierzig und war ganz gerührt, als sie ihr Lesezeichen neulich in einem meiner Bücher entdeckte.

Geschenke völlig ohne Wert, aber aus Liebe. Zeichen dieser Liebe oder zumindest einer Zuneigung, eines Zusammengehörigkeitsgefühls. Das kann ausarten zu: «Wem muss ich noch zu Weihnachten schreiben?», oder: «Franziska hat mir zum Geburtstag eine Haarspange geschenkt, die bestimmt sieben Mark fünfzig gekostet hat. Also muss ich ihr auch etwas um zehn Mark herum zu ihrem Geburtstag schenken!»

Muss man das? Musst du das?

Also: Lautet die allgemeine Regel etwa, dass Geschenke eine Art eingekleidete Rechenaufgabe mit $x = x$ oder, noch besser, $x = x + 1$ ist?

Nein, natürlich nicht.

Ein Geschenk ist eine freiwillige Gabe, mit der man Zuneigung ausdrückt, siehe oben.

Kein Mensch muss sich zum Beispiel Weihnachten in das stürzen, was man Kaufrausch nennt. Kein Mensch muss durch den Dezember hetzen und hysterische Blicke in Schaufenster werfen und andere Käufer zu Boden rempeln, um den letzten aufklappbaren Rauschgoldengel oder was auch immer zu ergattern.

Aber das machen doch alle?

Meine Großmutter fragte in solchen Fällen immer verächtlich: «Wenn alle ohne Sinn und Verstand ins kalte Wasser springen, springst du dann auch?»

Gewöhn dir also an, bei allen überkommenen Sitten und Gebräuchen den Verstand überlegen zu lassen und dich zu fragen: Hat die Sache Sinn?

Hat es einen Sinn, wenn die Mutter sagt: «Du musst aber noch Tante Mimi etwas schenken!»?

Ja, das hat vermutlich einen Sinn. Denn diese Tante Mimi

gehört zur Familie oder Freundschaft, und solche Bindungen sollte man pflegen. Dafür gibt es so viele offensichtliche Gründe, dass ich gar nicht darauf eingehen muss.

Wenn du Tante Mimi nun magst, ist die Angelegenheit ohnehin kein Problem. Du malst von ganz alleine lauter kleine rote Herzen als Küsse auf einen Brief. Du hast ihr vielleicht früher einmal deine liebste Aufziehmaus geschenkt, und in diesem Jahr hat die Mutter vielleicht ein nettes Foto von dir in einen Rahmen gesteckt, und du schreibst hintendrauf: Gruß und Kuss / dein Julius.

Wenn du die oder den Betreffenden kaum kennst, wird keiner von dir verlangen, ihm zu den bekannten Anlässen einen langen Brief zu schreiben oder ihm etwas zu schenken. Das ist Sache deiner Familie. Aber an ihrem Beispiel lernst du, wie man aus Liebe kleine Päckchen oder Pakete packt und sich schon im Voraus über die Freude freut, die der Beschenkte beim Auspacken haben wird.

Du lernst natürlich auch, wie man aus Konvention einen Geburtstags- oder Neujahrsgruß schreibt, wie neue Karten-Empfänger dazukommen, die deine Eltern vielleicht im Urlaub kennen gelernt haben, und andere gestrichen werden, mit denen sie nichts mehr verbindet. Du siehst also, dass mit diesen Gruß-Geschenken ein lebendiges Netz geknüpft wird. Wer weiß, vielleicht führen dich deine Lebenswege später einmal in die Nähe von Onkel Hubs und Tante Polly. Dann kann aus der losen Verbindung eine feste werden. Dann kommst du – beim Studium oder wenn du die erste feste Stellung hast – nicht fremd in eine fremde Stadt, sondern hast dort jemanden, der dich kennt.

Du musst auch nicht jedem, den du bei der letzten Klassenreise in der Jugendherberge kennen gelernt und mit dem du die Adresse getauscht hast, einen Weihnachtsgruß schicken. Den sollen nur die bekommen, die du wirklich magst und mit denen du in dieser losen Verbindung bleiben möchtest.

Du musst einen Weihnachtsgruß einer Zufallsbekanntschaft und die Geschenke von der Tante nicht mit einem Gruß oder einem Geschenk erwidern – erst recht nicht mit einem ebenso großen oder teuren.

Für ein Geschenk musst du dich natürlich bedanken. In manchen Familien reicht es, wenn man sich telefonisch bedankt. In anderen wird das als fast beleidigende Unhöflichkeit registriert: «Wo ich ihr doch so ein herrliches … geschenkt habe! Sie hält es nicht einmal für nötig, mir auch nur eine Zeile zu schreiben! Ruft mich bloß an. Unmöglich!»

Also: nach den speziellen Familienregeln bedanken. Und dabei daran denken, dass die giftigen Tanten von Wilhelm Busch relativ selten sind. Er hat, wie ich finde, das trefflichste Schenke-Gedicht geschrieben:

> Die erste alte Tante sprach:
> wir müssen nun auch dran denken,
> was wir zu ihrem Namenstag
> dem guten Sophiechen schenken.
>
> Drauf sprach die zweite Tante kühn:
> ich schlage vor, wir entscheiden
> uns für ein Kleid in Erbsengrün,
> das mag Sophiechen nicht leiden.
>
> Der dritten Tante war das recht:
> ja, sprach sie, mit gelben Ranken!
> Ich weiß, sie ärgert sich nicht schlecht
> und muss sich auch noch bedanken.

In den meisten Fällen, hoffentlich auch bei dir, hat sich jemand überlegt: Was würde dir Freude machen? Hat vielleicht deine Mutter gefragt: «Was wünscht sie, was wünscht er sich zu Weihnachten?»

Oder hat zu Hause eine Geschenkschublade, in der alle Dinge aufgehoben werden, die man im Lauf des Jahres entdeckt und sofort dabei gedacht hat: «Genau das richtige Geburtstagsgeschenk für Petra!»

War es wirklich das richtige? Dann freust du dich und findest für deinen Dank die richtigen Worte.

War es nicht das richtige, so hast du eben Pech gehabt. Trag die Enttäuschung mit Fassung. Sag aber nicht beim Bedanke-mich-Telefonat oder bei der nächsten Begegnung mit dem Schenker: «Also – solche Pullover trägt hier kein Schwein mehr!»

Was aber tun, wenn es einem von dir Beschenkten an Höflichkeit mangelt und er oder sie dir nur gereizt sagt:

«Ja, danke, die Sets sind ganz nett, aber natürlich genau die falsche Farbe! Zu meinem Altrosa passen dieses Rot und Grün wie die Faust aufs Auge!»

Nun sind Rot und Grün die Weihnachtsfarben, und du hast gedacht: Für jemanden, der schon alles besitzt, ist so etwas Festspezielles gerade richtig, und Weihnachtliches passt zu Weihnachten überallhin, auch zu Altrosa.

Hat halt nicht gepasst. Zieh die Konsequenzen daraus und schenk das nächste Mal etwas total Konventionelles: Schokolade, Marzipan oder einen Weihnachtsstern. Sagt der oder die Beschenkte dann: «Du hättest doch wissen müssen, dass ich keine Milchschokolade mag, nur Bitterschokolade! Dass ich kein Marzipan vertrage! Dass ich allergisch auf Weihnachtssterne bin.» Dann schreib um des Himmels willen das übernächste Mal nur eine nette Weihnachtskarte.

Später, wenn du ganz und gar für dich verantwortlich bist, wirst du wohl gar nicht mehr schreiben.

Schenken ist auch nichts Unveränderliches. Ja, es gibt die moralische Pflicht, sich um jemanden zu kümmern, um den sich sonst keiner kümmert. Es gibt den Gruppendruck, zum

Beispiel dem Mitschüler, bei dem du zum Geburtstag eingeladen wirst, etwas eurer Gruppe Entsprechendes zu schenken.

Es gibt den eingebildeten oder von der Wirtschaft angefach-
ten Zwang, am Valentinstag Pralinen und Blumen, am Mutter-
tag Pralinen und Blumen, zum Geburtstag Pralinen und Blumen und Sachen, zu Weihnachten Sachen und Sachen und
Sachen zu kaufen und zu verschenken.

Vielleicht gibst du zuerst einmal dem Druck nach, um keinen Ärger mit der Familie zu haben, um in der Schulklasse
nicht als Außenseiter verschrien zu werden.

Das schadet nichts. Aber irgendwann ärgert es dich vermutlich, dass sich zum Beispiel jemand so etwas Teures zum Geburtstag wünscht, dass auf jeden Klassenkameraden eine ziemlich hohe Summe entfällt. Irgendwann begreifst du, dass
Christian Morgenstern Recht hatte, als er dichtete: «... beden-
ke / dass dein Geschenk du selber bist.»

Dann bleibt man zwar in der Konvention des Schenkens,
löst sich aber von den sinnlosen Zwängen und entwickelt seinen eigenen Schenk-Stil.

Wie man das richtige Geschenk findet?

Du beschenkst keine Unbekannten. Du kennst deine Familie und Freunde mehr oder weniger dein Leben lang. Du weißt
also, was sie mögen, was sie sammeln, was sie brauchen. Du
könntest dir zum Beispiel merken: Großvater raucht Brasil-Zi-
garren. Dann schenkst du ihm zu jedem Geburtstag eine richtig schöne dicke Zigarre. Das freut ihn gewiss mehr, als irgendein Tinnef, und es kann ein Familienspaß werden: «Mal sehen,
was für eine Zigarre Großpapa in diesem Jahr verpasst bekommt!», oder so ähnlich.

Aber pass auf. Irgendwann mögen manche alten Männer
keine Zigarren mehr. Oder der Arzt hat sie verboten. Da wäre
es gedankenlos und taktlos, wenn du aus reiner Denkfaulheit
bei der Zigarre bliebest.

Der Beschenkte ist das Maß des Geschenks. Teure Geschenke sind nicht immer die besten, aber manchmal weißt du so genau, dass sich die Mutter schon lange etwas wünscht, was sie immer für so kostspielig gehalten hat, dass sie den Wunsch gar nicht ausgesprochen hat. Zu extravagant. Eigentlich überflüssig. Höchst unpassend, weil gerade die Spülmaschine kaputtgegangen ist. Und so weiter. Dann organisier ein Sammelgeschenk. Oder plündere dein Sparschwein, schenk ihr das Geld und sag: Für die nächsten drei Geburtstage und zwei Weihnachten auf einmal!

Die schon erwähnte Geschenkschublade ist in jeder Hinsicht etwas Gutes. Die Kauferei verteilt sich auf das ganze Jahr, und du bist nicht gerade im Dezember gezwungen, mit den anderen wie ein Irrer durch Geschäfte zu rasen. Du bist nicht schon nach dem dritten Geschenkkauf pleite, sodass die restlichen Gaben im wahrsten Sinn des Wortes billiger ausfallen müssen, als du plantest.

In so einem Fall ist es besser, du schenkst etwas Selbstgemachtes oder -gemaltes oder -geschriebenes oder gar nichts. Denn es kann kränkend wirken, wenn du dir nur noch ein Verlegenheitsgeschenk abringen kannst – und das bekommt dann garantiert der- oder diejenige in die Hände, die deine kümmerliche Gabe als persönliche Beleidigung, als Unerzogenheit oder Herzlosigkeit interpretiert.

Bitte missversteh mich nicht: Es kann etwas für zwei Mark fünfzig eine angemessene Gabe sein – wenn sich zum Beispiel dein Klassenkamerad gerade darüber beklagt hat, dass es keine vernünftigen Bleistiftanspitzer mehr gäbe und du einen tollen, superscharfen entdeckt hast. Wahrscheinlich übertriffst du dich ohnehin und packst ihm drei Bleistifte in drei verschiedenen Härtegraden dazu. Oder Bleistifte mit geriffeltem Holz, die sich so gut halten lassen.

So eine Kleinigkeit kann das Hauptgeschenk des betreffenden

Festes sein. Aber ein Gegenstand, den der Beschenkte nicht braucht oder schon zuhauf besitzt, ist kaum das richtige Geschenk.

Wie man Geschenke einwickelt, spielt auch eine Rolle und zeigt, dass und wie du an den Beschenkten denkst. Dass die Emballage nett und sauber ist, ist ein Zeichen von Korrektheit.

Wenn sie witzig ist, beim Anschauen und Auspacken schon Spannung oder ein Lächeln erzeugt, ist sie ein Zeichen von Zuneigung.

Wenn man sie entfernen kann, ohne sich die Fingernägel abzubrechen, ist sie ein Zeichen von Höflichkeit.

Darf man Geschenke gleich auspacken?

Wenn man der Ehefrau eines Bundespräsidenten Vorbildcharakter zugesteht: ja! Es gibt ein Foto von Bundespräsident Heinemann, der im Vordergrund eine Rede hält, während seine Frau im Hintergrund in der Abendrobe auf einem sicherlich goldenen Stühlchen sitzt, etwas Eingewickeltes auf dem Schoß, und mit sichtbarer Spannung und Vorfreude an dem Seidenband knüttelt. Wer weiß, was drinnen war.

Darf man Geschenke weiterverschenken?

Im Prinzip gilt das als gröbste Unhöflichkeit bis Beleidigung. «Was geschenkt ist, ist geschenkt, bis die Welt sich untersenkt!», sagten wir als Kinder – freilich nur dann, wenn es jemand bedauerte, diese oder jene Sache verschenkt zu haben und wenn er sie dann zurückverlangte.

Das gehört sich also auch nicht.

So musste ein Verwandter das gewaltige Schauerstück einer Porzellan-Pferdeherde ehren und achten und aufheben («Wenn es wenigstens etwas Kleines gewesen wäre!», seufzte die betreffende Hausfrau) und immer dann auf einen Schrank wuchten, wenn der Porzellanpferde-Schenker seinen Besuch ankündigte. Der Beschenkte dürfte die Pferde keinesfalls weiterschenken – wer hätte sie auch haben wollen? – und auch nicht verkloppen.

Damit müsste er schon warten, bis der Schenker für immer und ewig nach Australien zieht oder stirbt. Denn falls der Pferde-Schenker seine Porzellanherde im Schaufenster eines Antiquitätenladens entdeckte, gäbe es ein unvergessliches Donnerwetter, und die ganze Familie würde enterbt.

Vom Borgen und Verleihen

«Wenn sich jemand Geld von dir leihen will, schenk ihm die Hälfte!», sagte einer meiner Großonkel.

Sein erster Nachsatz: «Wenn du es dir leisten kannst!»

Der zweite: «…denn meistens kriegst du das Geld sowieso nicht zurück, und wenn du es schenkst, ist der andere so beschämt, dass er dich kein zweites Mal anpumpt.»

Ob das stimmt?

Auf jeden Fall wäre es höflich und korrekt, alles Geliehene rechtzeitig und vollständig und in so gutem Zustand zurückzugeben, wie man es erhalten hat. Der weise alte Großonkel wusste jedoch nur zu gut, dass das nicht immer klappt. Und da er den folgenden lästigen und unangenehmen Auseinandersetzungen aus dem Wege gehen wollte, hat er sich seinen Ausweg ausgedacht.

Es ist ja in der Tat oft so: Du leihst einer Freundin einen Pullover und kriegst ihn verschwitzt und falsch gewaschen und bis zur Unkenntlichkeit verfilzt wieder.

Du leihst einem Freund ein Buch, und er fragt nach einer Weile: «Ich soll ein Buch von dir haben? Was für ein Buch denn?»

Wie man es dreht und wendet, der Großonkel hat Recht! Verleih also nur Pullover und Ähnliches, an denen nicht dein Herz hängt. Verleih nur Sachen, die du auch gleich verschenken könntest.

Oder versuch dich abzusichern. Wenn du angepumpt wirst, so schreib in deinen Taschenkalender: «Am 12. Mai des Jahres … Uwe 20 Mark für 14 Tage geliehen.» Dann lässt du Uwe unterschreiben, sodass er nicht nach vierzehn Tagen fragen kann: «Geld? Was für ein Geld?»

Und wenn du nach vier Wochen noch nichts von Uwe gehört hast, kannst du fragen: «Was war das mit den zwanzig Mark und den vierzehn Tagen?»

So etwas ist keine Garantie dafür, dass du die zwanzig Mark tatsächlich zurückbekommst, aber du hast eine sachliche Basis für deine Mahnung.

Am wenigsten gerne verleihe ich Bücher, und wenn du viel liest und Bücher liebst, wirst du mich verstehen. Manchmal verschenke ich wirklich den betreffenden Titel, aber meistens handelt es sich um eine Erstausgabe oder mein Arbeitsexemplar, und das erste ist unersetzlich und das zweite voller Randnotizen und Unterstreichungen. Unverschenkbar! Da nützt es mir nichts, wenn ich mir ein neues kaufe. So mache ich es lieber umgekehrt, kaufe ein neues Exemplar und bringe es beim nächsten Besuch statt Blumen mit.

Falls ich jedoch ein Buch ausleihe, stecke ich an den leeren Platz einen Pappstreifen, der aus der Bücherreihe etwas herausragt, sodass er nicht zu übersehen und zu vergessen ist.

Darauf notiere ich: Autor, Titel, Name des Ausleihers, Datum der Ausleihe.

Pingelig? Finde ich ganz und gar nicht. So verfahren viele Bibliotheken. So vermeide ich Kummer (meinen) und Streit (mit dem Ausleiher).

Das ist höflich, weil es den Frieden wahrt, und das bewahrt mir die Freundschaft selbst mit solchen, die keine so flotten Buchzurückgeber sind.

Höflich ist es schließlich, das geliehene Buch ohne Eselsohren zurückzugeben, ohne Fettflecken, ohne Schokoschmiere, ohne Randnotizen, womöglich mit Kugelschreiber, ohne angerissene oder herausgerissene Seiten.

Ist dir nun ein Malheur passiert, ist dir beim Essen und

gleichzeitigen Lesen das Leberwurstbrot mit der fetten Seite aufs offene Buch geklappt, so lüg nicht und sage: «Das war schon so!», oder, genauso schlimm, sag gar nichts, weil du hoffst, dass ich es nicht merke, sondern entschuldige dich oder kauf ein neues Exemplar.

Das war das verliehene Buch. Es steht für alle Sachen, ob CD-Player, Fahrrad oder Puzzles. Gegeben wie genommen, ebenso sauber und heil und zur vereinbarten Zeit. Das ist des Borgers Höflichkeit.

Unter*wegs*

Ein paar Verkehrsregeln für Inlineskater und Radfahrer

Was du ohne Verkehrsampel beim Überqueren der Fahrbahn tun musst, hast du längst gelernt. Und ob du mit Fahrrad oder Inliners auf der Fahrbahn fahren darfst oder nicht, sicher auch. Meine Sache ist also nur, dich darauf hinzuweisen, dass deine vorschriftsmäßige Haltung als Verkehrsteilnehmer auch mit Anstand und guten Sitten zu tun hat.

Knie-, Kopf- und Armschutz beim Inlineskating dienen zwar allein deiner Sicherheit, aber wenn du auf dem Gehweg fährst, gehört auch eine Klingel dazu, damit du die Fußgänger, zu denen ich gehöre, warnen kannst: He, hier komm ich!

Bitte denk daran, das ist nur eine Warnung! Weil du rollst und die anderen nur gehen, hast du auf dem gemeinsamen Gehweg nicht mehr Rechte als sie. Du darfst also nicht erwarten, dass sie mit einem schnellen Satz dir aus dem Wege springen. Und deshalb wäre es grob unhöflich, wenn du dich erst in der letzten Sekunde, schon beim Überholen, mit deiner Klingel bemerkbar machtest, sodass ein Fußgänger dir vor Schreck vor die Füße fällt, wenn du Pech hast.

Du bist schnell, weil du eh im Schwung bist. Die Reaktionen des Fußgängers sind langsam, weil er vielleicht älter ist als du. Weil er vielleicht gar nicht an so etwas wie dich denkt. Weil er sich erst auf diesen Reiz umstellen muss. Weil er sich schließlich auf dem Trottoir oder Bürgersteig, wie das früher hieß, für sicher und vorrangig hält. Er befindet sich ja auf einem Gehweg und nicht auf einer Rennbahn.

Wenn du dich also auf Räder stellst und eine Art Zwitter bist zwischen Ferrari und Fußgänger, wenn du in dieser höchst gefährlichen und gefährdenden Form das Fußgänger-Terrain benutzt, bist du ein Gast. Ein Fremdling. Du musst dich also Fußgängern gegenüber wie ein Gast benehmen und höflich sein und auf sie Rücksicht nehmen.

Was das bedeutet? Fahr nicht so schnell! Rase nicht unbedacht an Hauseingängen und Gartentüren vorbei, vor allem nicht bei Nacht und Nebel und düsterem Regenwetter. Es könnte jemand ahnungslos heraustreten, der dich so schnell gar nicht wahrnehmen kann – und schon hast du ihn umgefahren!

Falls dir so etwas Schreckliches passieren sollte, begeh keine Fahrerflucht. Halt an, schau, was du machen, helfen, telefonieren etc. kannst. Entschuldige dich! Sag deinem Opfer nicht noch: «Sie hätten ja aufpassen können!»

Nein – du hättest moralischer- und höflicherweise aufpassen müssen. Es ist im höchsten Grade unanständig, sich vor seiner Schuld zu drücken.

Hat sich dein Opfer etwa den Fuß gebrochen? Dann sag auch nicht: «Das zahlt doch die Krankenkasse!» Was hab ich von einem Gratisgipsbein, wenn ich vielleicht noch jahrelang hinken muss und Schmerzen habe? Und was habe ich vom Gratisgips, wenn ich allein lebe, im vierten Stock ohne Aufzug? Kommst du mich etwa täglich besuchen? Machst du bei mir sauber? Kochst du mir den Frühstückstee und die Mittagssuppe und machst mir mein Bett?

Schauen wir uns die Leute auf dem Fahrrad an. Was fällt dir auf, vor allem in der Dunkelheit? Mir fällt auf, dass die meisten Fahrräder mangelhaft bis unvorschriftsmäßig ausgestattet sind. Sie haben keine oder verdreckte Katzenaugen und vor allem: kein Licht!

Sie haben nie wie die Autofahrer eine Prüfung ablegen müssen. Sie haben also nie gelernt, dass auch für sie Verkehrsregeln gelten, dass ich als Fußgänger mich also eigentlich blindlings darauf verlassen können müsste, dass Radfahrer wie die Fahrzeuge auf der Fahrbahn rechts fahren müssen.

Mir begegnen aber bei zehn Radlern gut sieben oder acht Geisterfahrer, die mir links entgegenbrausen und meinen Gehweg wie eine Fahrbahn oder eine Teststrecke benutzen.

Weiter: Wenn ich mir an einem Ampelübergang mein Grün drücke, muss ich damit rechnen, dass einer der Autofahrer farbenblind ist und bei Rot weiterfährt.

Wenn ich aber einen Radler auf der Fahrbahn heranflitzen sehe, warte ich auf jeden Fall. Denn so Grün kann ich gar nicht haben, dass der Radler das achtete. Mach ich eine Geste oder krieg so schnell noch einen Schrei über die Lippen, dreht sich der Radler gern um und stößt Wörter hervor, die meine Kenntnis von Fäkal- und antifeministischen Flüchen erheblich bereichern.

Dies letzte Beispiel zeigt, wie eine Unverschämtheit die andere nach sich zieht.

Ich will noch einen letzten Fall beschreiben: Wieder die Ampel, ich habe Grün, zögere zum Glück, weil ein Auto erst mitten auf dem Zebrastreifen bremst. Ich mache einen Bogen um das Fahrzeug herum und muss es so gemustert haben, dass sich der Fahrer angegriffen fühlte. Er kurbelte sein Fenster herunter und rief hinter mir her: «He Sie! Hab ich was falsch gemacht?»

Ich sah, dass er mit der Zigarette im Mundwinkel und mit dem Mobiltelefon am Ohr, so wie er auch gefahren war, mit mir sprach. Ich glaube, ich habe über so viel Unverfrorenheit nur lachen können und geantwortet: «Sie haben drei Sachen falsch gemacht, und das wissen Sie auch ganz genau!» Dabei hatte ich das «He Sie!» noch gar nicht mitgerechnet.

Ich hoffe von Herzen, dass er sich manchmal an die «alte Schnepfe» – so sein Abschiedsgruß – erinnert, wenn er wieder einmal gleichzeitig erstens mit der Zigarette im Mund spricht, zweitens beim Fahren das Handy benutzt und drittens darüber bei Rot weiterfährt und dann vor Schreck wenigstens die beiden letzten Dinge unterlässt.

Erzählt habe ich diese Geschichte aber aus einem anderen Grunde. Wenn ich diesen jungen Mann zum Beispiel bei gemeinsamen Freunden kennen gelernt hätte, wäre ihm wahrscheinlich nie in den Sinn gekommen, «He Sie!» hinter mir herzurufen. Er hätte die Zigarette aus dem Mund genommen, wenn er mit mir sprach, und sich insgesamt so gesittet und wohlerzogen benommen, wie es fast jeder Mensch tut, der sich unter den prüfenden und regulierenden Blicken anderer bewegt.

In seinem Auto aber, in der abgeschlossenen Blechbüchse, auch auf dem vorüberflitzenden Fahrrad ist der Mensch frei von Kontrolle und lässt sich gerne gehen. Es sieht ja keiner! Und deshalb kann er unflätig fluchen und die Sau rauslassen, wie die drastische Redensart lautet. Er fühlt sich nicht als Person, die für ihre Taten persönlich verantwortlich ist, sondern als Anonymer in der Masse, in der keiner meint, sich verantwortlich fühlen zu müssen.

An dieser Geschichte kannst du lernen, dass nur diejenigen wirklich wohlerzogen sind, die – wie meine Großmutter immer sagte – «sich auch im Dunkeln benehmen».

Worauf auch Fußgänger achten sollten

Der Gehweg ist öffentliches Gelände und wird in den meisten Fällen von den Stadtgemeinden in Ordnung gehalten.

Trotzdem siehst du manchmal Menschen, die ihren Gehweg fegen, streuen, um die Straßenbäume herum mit Blumen bepflanzen.

Das heißt: Es gibt Bürger, die sich ihre Verpflichtung für das Allgemeine nicht abnehmen lassen. Sie sagen nicht: Ich hab ja Steuern bezahlt, also muss mir wer den Dreck wegmachen! Sie sagen sich offensichtlich: Dies ist ein Teil meiner Welt, für deren Erhaltung und Schönheit ich über meinen finanziellen Pflichtbeitrag hinaus etwas tun kann.

Die Höflichkeit besteht in diesem Fall darin, dass man diese Haltung zumindest achtet, sich vielleicht sogar zum Vorbild nimmt.

Achten bedeutet: Verdreck nicht den gerade gereinigten Weg. Knall nicht dein Fahrrad quer auf den Weg, schließ es nicht so an den Zaun oder Baumschutzbügel, dass es den Fußgängern den Weg versperrt. Stell es nicht mitten im Beet am Baum ab, sodass alle Blumen zerknicken. Lass auch deinen Hund das Beet am Baum nicht zertrampeln und zerkratzen. Lass ihn nicht auf dem Bürgersteig, vielleicht genau vor einer Gartenpforte, seinen Haufen hinterlassen. Gewöhn dir an, mit Schaufel und Kotbeutel den Hund auf seinem Gassi-Weg zu begleiten. Du willst dich nicht lächerlich machen? Dann darfst du mit dem Hund euer Grundstück nicht verlassen und musst ihn um die Terrasse herum oder in deinem eigenen ehemaligen Sandkasten sein Geschäft erledigen lassen. Oder darfst gar keinen Hund haben.

Halt dein Stück Straße also so sauber und ordentlich, wie es geht. Siehst du, wie sich ein Altpapierpaket vor eurer Tür im Sturm oder Regenguss auflöst? Dann leg einen Stein drauf oder sammle die fliegenden Blätter ein, ehe sie in allen Vorgärten liegen. Mach das auch, wenn es nicht sicher ist, ob euer Altpapier die große Flatter gemacht hat.

Ja, wie kämst du denn dazu, anderen Leuten das Papier nachzuräumen?

Nun, nicht weil du musst. Sondern weil du willst.

Weil du das Richtige, Höfliche, Hilfreiche tun möchtest. Das lässt dich wahrscheinlich auch hinspringen und eurer alten gebrechlichen Nachbarin etwas abnehmen, zum Beispiel einen Stapel ordentlich zusammengebundener, aber dennoch sperriger Altpappe. Und wenn ihr an der nächsten Straßenecke einen

Glas-Container habt, könntest du ihr vielleicht freiwillig ihr Einkaufswägelchen mit leeren Flaschen zur Ecke rollen, du könntest ihr helfen, das Glas durch die sehr unpraktisch hoch angebrachten Löcher zu werfen. Schau dich dabei um. Liegen leere Flaschen neben dem Container? Dann heb sie auf und frag nicht: «Wie komm ich denn dazu?»

Zum wohlerzogenen Bürger gehört, dass er nicht gerade dann zurückzuckt, wenn es auf ihn und auf seine Standhaftigkeit ankommt.

Feg also in den Herbst- und Laubtagen und im Winter den Gehweg, hack das Eis, damit die Vorübergehenden nicht ausrutschen. Klopf einen Pflasterstein, der sich durch den Frost gehoben hat, wieder in sein Bett, damit keiner stolpert. Und so weiter. Aufgrund eigener leidvoller Erfahrungen möchte ich auch noch etwas

Zum Verhalten in öffentlichen Verkehrsmitteln

sagen. Stell dir einmal folgendes Szenario vor: Ihr macht eine Klassenfahrt mit der S-Bahn oder U-Bahn oder der Deutschen Bahn. Ihr wisst, wo welche Züge abgehen und wie umzusteigen ist.

Ihr stürmt also Treppen hinunter und in Gänge hinein, schreit aus vollem Halse, damit die von Bahnsteig vier euch auf Bahnsteig eins auch hören können, und schwingt euch die Rucksäcke auf den Rücken, um die Hände frei zum Balancieren zu haben, denn wenn es ein Gepäckband gibt, muss darauf gefahren werden.

Ich aber und jeder Ältere oder Ortsfremde verzweifeln schier, weil wir nicht gegen euch ankommen. Ihr knallt uns die Rucksäcke um die Ohren, und wenn ihr euch umdreht, wischt ihr uns damit um. Ihr bleibt am Ende der Rolltreppe stehen und versperrt die Auf- und Abgänge, ihr rottet euch vor Anzeigetafeln zusammen, ihr geht zu so vielen nebeneinander, wie auf die Treppe oder in den Gang passen, sodass andere weder vor noch zurück an euch vorbeikommen. Das Gepäckband ist, weil ihr es missbraucht habt, kaputt, und es gibt nur in Großstädten Lifts oder Rolltreppen, sodass ich das Gepäck mühsam die Treppe hinaufschleppen muss, mitten zwischen Hinauf- und Herabstürmenden.

Höre ich oben gerade meinen Zug abfahren? Wann fährt der nächste? Wenn ich Pech habe und es ein Regionalexpress gewesen ist, erst in zwei Stunden.

Das sei übertrieben? Oh, ich habe ja noch gar nicht erwähnt, wie es im Zug gewesen wäre. Wie ihr vielleicht die Füße in schmutzigen Stiefeln auf den Sitz neben mir legt. Dass ihr Kaugummi kaut (siehe Seite 109) oder etwas esst und alles verkrümelt und bekleckert und das Einwickelpapier einfach auf den Boden fallen lasst.

Aber im Grunde genommen reichen diese Beispiele aus. Du kannst das Bild noch mit selbst erlebten Details ergänzen, und wenn du dieses Buch überhaupt bis zu dieser Stelle gelesen hast, so wird dir vielleicht klar, wie oft du, wie oft ihr euch unbewusst und sicher ohne böse Absicht wie die sprichwörtliche Axt im Walde benommen habt.

Deshalb nur ein paar Stichworte:

Renn nicht andere Leute um.

Komm einfach nicht in der letzten Minute! Pünktlichkeit ist auch im öffentlichen Bahn- und Busverkehr die Höflichkeit der Könige.

Und wenn du sausen musst, so sause nicht blindlings! Du bist jung und gelenkig, mach also einen Bogen, stopp elegant vor langsamen Alten und Müttern mit Kindern. Lauf in Schlangenlinien um uns herum statt wie ein Mähdrescher quer durch. Wenn es an der Haltestelle, am Fahrkartenautomaten oder Schalter eine Schlange gibt, stell dich hinten an. Mogle dich nicht klammheimlich vor. Das reizt erstaunlich viele Menschen bis aufs Blut. Falls es dich drängt, frag lieber die Schlangesteher vor dir: «Haben Sie es sehr eilig oder können Sie mich bitte vorlassen?» Ich hab noch nie erlebt, dass jemand Nein gesagt hat.

Probier einmal zu Hause aus, wie du dich mit prallem Rucksack so umdrehen kannst, dass du keinen Kahlschlag verursachst.

Wenn du öffentliche Verkehrsmittel täglich benutzen musst, mit ihnen zum Beispiel zur Schule fährst, so versuch so rechtzeitig aufzustehen, dass du die morgendlichen Reinigungsarbeiten zu Hause erledigen kannst. Es stört Mitfahrende, wenn du dir neben ihnen die Haare bürstest, die Zöpfe flichtst, das Gesicht schminkst oder die Fingernägel sauber machst.

Versuch dich an Haltestellen und auf Bahnsteigen so zu benehmen, dass andere diese Einrichtung auch und ohne Mühe und Ekel benutzen können. Verdrecke nichts. Wirf den Müll in Abfallgefäße.

Lass dich nicht gerade vor der Abfahrt-Tafel oder dem Wagenstandsanzeiger mit all deinen Freunden, Koffern und Krempel auf dem Boden nieder. Rottet euch nicht ausgerechnet am Kopf der Treppe zusammen, sodass keiner mehr durchkommt.

Hilf Müttern mit Kinderwagen, Alten mit Gepäck, Ratlosen auf Stationen ohne Personal mit Auskunft und so weiter.

Wenn du vollkommen erschöpft von der Schule deine Haltestelle erreichst und dich auf die nächste Bank fallen lässt, so steh bitte wieder auf, wenn ein Älterer sich suchend nach einer Sitzgelegenheit umschaut. Oder frag wenigstens: «Möchten Sie sich vielleicht setzen?»

Wenn Zug, Bus oder U-Bahn kommt: nicht drängeln! Achtung, Rucksack. Siehe oben: anderen helfen, anderen unter Umständen den Platz anbieten. Andere geduldig vorlassen.

Keiner grüßt, wenn er einen Großraumwagen oder einen

Bus betritt. Aber es spricht nichts dagegen, wenn du dem Fahrer, der immer im Siebenuhrdreißigbus sitzt, guten Morgen sagst. Wenn du den anderen Fahrgästen in einem Sechser-Abteil freundlich zunickst oder auch «Guten Tag» murmelst.

Frauen sind emanzipiert, aber ihre Muskulatur ist dennoch nicht so kräftig angelegt wie die der Männer. Und je älter sie werden, desto mehr wird dieser Unterschied spürbar. Also bin ich zum Beispiel immer dankbar, wenn mir ein höflicher junger Mensch beim Einsteigen hilft, den Koffer über die manchmal halsbrecherisch steilen Eisenstufen der Regionalzüge schwingt. Oder mir den Koffer in die Gepäckablage hebt und später wieder herunterholt – denn nicht immer ist ein Zugbegleiter oder eine Zugbegleiterin zur Stelle.

Zu Besuch als Übernachtungsgast

Wohin du mit deiner Familie reist, weiß ich nicht. Es muss mich auch insofern nicht interessieren, als deine Mutter oder dein Vater vermutlich für alles sorgen und auch deine Angelegenheiten regeln. Deshalb nimmst du alles als gegeben hin und brauchst nicht lange darüber nachzudenken.

So, nun bist du aber einmal alleine eingeladen. Vielleicht verbringst du das Wochenende bei einer Klassenkameradin oder einem Klassenkameraden.

Was empfängt dich dort? Gibt es ein richtiges Fremdenzimmer? Schläfst du in der Bude einer großen Schwester, die seit einem Jahr irgendwo anders in der Ausbildung lebt? Oder rollst du deinen Schlafsack aus?

Auf jeden Fall wirst du alles gezeigt bekommen: «Da kannst du deine Waschsachen hinlegen – das ist dein Zahnputzglas! Das ist dein Bett», und so weiter. Du siehst also, dass die Gastgeber das gemacht haben, was man als «Umstände» bezeichnet. «Ach, machen Sie doch bitte keine Umstände!» ist die dazugehörige Höflichkeitsfloskel, bei der es manchmal auch bleibt. Denn es gibt viele Faulpelze, die nicht ordentlich nachdenken und sich deshalb bei Gastgebern wie schlechte Gäste in einem Hotel benehmen.

Eine meiner Freundinnen hat einen sehr gastfreien Bruder, der zu gerne die Vettern und Cousinen, oft mit deren Freunden, einlädt. Dann steht meine Freundin in der Küche, hat vorgekocht, besorgt die jeweilige Mahlzeit, hat die Hilfskräfte organisiert, die decken und auftragen und abdecken, und jeder mit Augen im Kopf kann sehen, dass es alle, Gastgeber und Gäste, genießen, dass aber «Umstände gemacht werden», einfach gemacht werden müssen, wenn so viele Leute ohne Personal versorgt werden sollen. Beim letzten Besuch war ein junger Mann dabei, den ich nicht kannte, und ich fragte meine Freundin nach seinem Namen. «Ach», sagte sie, «den brauchst du dir gar nicht zu merken. Den laden wir nie wieder ein. Kommt zu spät zum Frühstück, das wir eigentlich schon abgeräumt hatten, bestellt sich ohne Bitte und Danke Spiegeleier mit Speck wie im Hotel. Steht auf und räumt nichts weg, hinterlässt auch sein Zimmer wie einen Saustall, und eben schaute er in die Küche und sagte: ‹Hier soll's noch Kuchen geben!› Also weißt du, das kann dieser eingebildete Schnösel bei sich zu Hause machen! Obgleich er aus einer anständigen Familie stammt!»

In dieser Geschichte hast du alles beieinander, auch die Moral von der Geschicht, also: die Nutzanwendung. Ein schlechter Gast wird kein zweites Mal eingeladen.

Und was zeichnet den guten Gast aus?

Er ist umsichtig. Schaut sich also um. Wo kann ich wie helfen? Das bedeutet nun nicht, dass man zu putzen und zu räumen beginnen sollte. Im Gegenteil, das wäre nun wieder das andere Extrem. Das wäre aufdringlich.

Man sollte nur registrieren, wo «die Umstände» liegen, und zum Beispiel im Badezimmer keine Überschwemmung machen oder eine Badewanne mit Rand hinterlassen. Das Klo so säuberlich verlassen, wie es vermutlich gewesen ist. Falls du an beiden Orten keinen nützlichen Wischlappen entdeckst, ihn aber brauchtest, kannst du schlicht und einfach fragen: «Wo sind denn bei euch/Ihnen …»

Du solltest auch immer fragen, wenn du etwas benutzen möchtest. Man zieht nicht einfach ein Buch aus dem Bücherschrank. Man geht nicht an fremde Schränke. Man respektiert geschlossene Türen. Man klopft aber auch nicht an eine angelehnte Tür, denn offene oder angelehnte Türen sagen gerade: Hier kann jeder hereinkommen!

Wenn du morgens um sechs Uhr aufwachst und fernsehen möchtest, stell den Apparat leise. Wenn du im Laufe des Tages fernsehen möchtest, so frage: «Stört es, wenn ich jetzt anstelle?» Wahrscheinlich ist das eine Bitte im Plural, denn du willst dir sicher zusammen mit deinen Freunden etwas anschauen. Wenn du wirklich alleine fernsehen willst, so rühr den Apparat nicht an, wenn er im Wohnzimmer direkt neben dem Elternschlafzimmer steht. Stell den Ton so leise wie möglich, auch wenn die Entfernung zwischen Fernsehapparat und Elternbetten weit zu sein scheint. Im stillen Samstaghaus in einer noch autoleeren Wochenend-Straße trägt der Ton erstaunlich weit.

Die gleiche Vor- und Rücksicht gilt selbstverständlich auch für alle Geräte, die Töne in Lautstärken von sich geben. Und für dich selbst, falls du in lauten Tönen singen, Klavier spielen oder einfach nur rufen möchtest. Warte wenigstens damit, bis alle wach sind.

Wenn es so weit ist und du nicht schon im Badezimmer gewesen bist: Nimm es nicht stundenlang in Beschlag (außer es gibt ein Badezimmer extra für euch Kinder). Setz dich – siehe oben – nicht wie ein Hotelgast an den gedeckten Frühstückstisch, sondern sei so rechtzeitig angezogen, dass du den Gasteltern guten Morgen sagen und sie dann fragen kannst: «Soll ich decken?» Oder: «Kann ich sonst noch etwas helfen?»

Ich würde dir antworten: «Sehr lieb von dir! Aber nein danke, lauf und spiel mit … Wenn ich euch brauche, rufe ich euch. In zehn Minuten bin ich eh so weit.»

Wenn du nicht zum ersten Mal, sondern zum zehnten Mal bei mir wärst, dann wüsstest du ohnehin, was wir brauchen, wo es steht und wann ich jemanden in meiner Küche haben mag und wann nicht.

Aufgedrängte Hilfe kann nämlich nicht nur Heuchelei, sondern für die Gastgeber eine der sieben ägyptischen Plagen sein. Du bist ja auch nicht als Küchenhilfe eingeladen worden, sondern zu deinem Vergnügen. Beachte trotzdem die Regeln und den Rhythmus deiner Gastfamilie. Maule nicht, wenn alles anders ist, als du es dir vorgestellt hast und wie es dir angenehm wäre. Gib Ruhe, wenn die anderen zum Beispiel einen Nachmittagsschlaf halten. Kritisiere nicht die kleinen Geschwister deines Freundes oder deiner Freundin. Mach dem Gast-Vater keine Vorschläge, wie er sein Auto besser, umweltschonender oder kräftesparender putzen könnte. Sag nicht bei Tisch: «Meine Mutter kocht das Kartoffelmus aber so und so.» Mäkle nicht am Fisch, wenn du keinen magst, sondern bitte einfach nur um eine kleine Portion. Schmolle nicht, wenn die Gastfamilie dich heute zum Zoo führt, wo dir der Vater unbedingt das Opossum zeigen möchte, obgleich du lieber in den Palmengarten gegangen wärst. Kannst du das nicht morgen allein mit deiner Freundin machen? Stürz dich nicht auf die Tageszeitung, die gerade durch die Postklappe rutscht. Es gibt Mütter und Väter, die es hassen, wenn sie sich erst die zerknitterte, falsch zusammengelegte Zeitung wieder irgendwo in der Wohnung suchen müssen. Falls du wirklich so nachrichtensüchtig bist, frag einfach die Gastgeber: «Darf ich mir die Zeitung nehmen?»

Wenn das Wochenende vorbei ist, so frag, ob du dein Gastbett abziehen und wohin du die Bettwäsche und die benutzten Frottier- und Badehandtücher legen sollst. Gleich in oder neben die Waschmaschine?

Wenn du ein Gästezimmer gehabt hast, so schau dich um. Alles in Ordnung? Bücher zurückgestellt ins Regal? Schubladen ausgeräumt? Keine leeren Keksschachteln oder Bonbonpapiere auf der Erde? Keine verkrusteten Erdkrümel von Wanderstiefeln oder Turnschuhen unter dem Bett? Und so weiter.

Gibt es bei deinen Freunden eine Haushaltshilfe? Dann bedanke dich bei ihr und sag so etwas wie: «Hoffentlich habe ich Ihnen nicht zu viel Mühe gemacht!»

Wenn du erwachsen geworden bist und dein eigenes Geld verdienst, wirst du ihr in einem Briefumschlag ein Trinkgeld hinterlassen oder auf dem Nachttisch hinterlegen. Das geht dich jetzt noch nichts an, aber es ist gut, wenn du es weißt. Denn nichts ist so unhöflich und schlecht erzogen wie Gleichgültigkeit und Geiz allen denen gegenüber, die für dich arbeiten.

Sie hätte aber doch ein regelmäßiges Gehalt? Das wollen wir hoffen. Doch das enthebt dich nicht der Höflichkeitspflicht, deinen Dank für das zu erweisen, was sie – zusätzlich, wenn du schon das eine gegen das andere verrechnen willst – für dich getan hat. Jetzt wird es sie freuen, wenn du das anerkennst und sagst: «Danke, dass Sie mir meine Stiefel geputzt oder meinen Lieblingsauflauf gemacht oder meine zerrissene Jacke schnell wieder geflickt haben!»

Was es halt war. Dass du dich bei den Gasteltern bedankst, ist selbstverständlich. Wie du das machst, werden dir deine Eltern sagen. Wie du das beherzigst, wird dir deine Zuneigung zu dieser Gastfamilie sagen.

Beim Verwandtenbesuch ist alles genauso. Großmütter und Tanten wollen dich wahrscheinlich ganz speziell verwöhnen und lesen dir jeden Wunsch von den Augen ab.

Sie sind dir sicher in Liebe ergeben. Aber sie sind nicht deine Dienstboten. Je mehr du daran denkst, desto harmonischer wird der Besuch verlaufen.

Und wenn du vor lauter glücklichen Erinnerungen vergisst,

den Bedankemich-Brief zu schreiben, wird dich deine Mutter oder dein Vater sicher daran erinnern.

Ein solcher Brief muss übrigens nicht so wie einer der Erwachsenen aussehen. Du kannst etwas zeichnen, zum Beispiel deine Erlebnisse bei der Heimfahrt. Hast du fotografiert? Dann kleb ein Leporello «So schön war's bei dir! Dank und Kuss!».

Dir fällt noch etwas viel Besseres ein?

Na los, dann mach's!

Ferien in der Fremde

Die nächste Reise, stellen wir uns vor, geht in die Ferne.

Nicht zu vertrauten Menschen an vertrauten Orten, sondern wie das Hänschen Klein: in die weite Welt hinein.

Ob das Ziel nun die Prignitz ist oder Portugal: Du wirst dort fremd sein.

Du könntest nun wie Millionen von Touristen fragen: Na und? Die Leute kriegen ja mein Geld! Und könntest dich genauso schlecht benehmen wie die Touristen, die in indischen heiligen Tempelbezirken grillen, in europäischen Klosteranlagen halb nackt herumlaufen, mit dem Fotoapparat in afrikanische Hütten dringen, ihren Müll überall verstreuen und beim Hotelfrühstück das ganze Büfett abräumen und in aller Seelenruhe fürs Mittagspicknick einpacken.

Das alles tut man nicht, auch wenn es viele (Erwachsene) tun und dir ein schlechtes Beispiel geben.

Was tut man nun über das hinaus, was du aus diesen schlechten Beispielen zu unterlassen lernst?

Wenn man das Heimische verlässt, sollte man sich über die Fremde unterrichten. Was ist die Prignitz? Wie leben die Leute in Portugal? Was unterscheidet ihre Landschaft, ihre Kultur, ihre Geschichte von deiner? Was verbindet euch? Welche Sitten haben sie dort anders entwickelt?

Es gibt fast über jede Landschaft Bildbände, Reiseführer, bunte Hefte, Broschüren vom Reisebüro oder von der Fluglinie.

Such dir das rechtzeitig zusammen. Setz dich in die Stadtbibliothek. Wünsch dir die betreffende Lektüre zu Weihnachten oder zum Geburtstag. Lass es dir von Freunden erklären und vor allem von deinen Erwachsenen, denn sie reisen sicher nicht zufällig mit dir in die Prignitz oder nach Portugal.

Die nächste Regel lautet ganz einfach und allgemein: Sei in der Fremde taktvoll und zurückhaltend. Das heißt: Vergiss dich und deine Prinzipien, nach denen du lebst und das Glück hast leben zu dürfen, und denk an die Gastgeber. Sag also nicht alle naslang: Wie komisch! Wie rückständig! Wie dumm! Spiel nicht den Besserwisser, sondern schau genau und geduldig hin. «Lass deine Augen offen sein / geschlossen sei dein Mund / und wandere stumm. / Dann werden dir / geheime Wunder kund.» Diese Zeilen hat Hermann Löns gedichtet, und es sind die Reime eines Naturfreundes, der durch die norddeutsche Heide pirschte. Aber wenn ich mich daran halte, entdecke ich nicht nur die Wunder unserer irdischen Landschaften mit Flora und Fauna, ich entdecke auch, wie viele Lebensarten sich die Menschen ausgedacht haben. Wie viel Schönheit es gibt und wie sich mir ein neuer unbekannter Teil der Welt erschließt, wenn ich von mir absehe und an den Gedanken und Empfindungen anderer teilzunehmen suche. Wenn ich Fremde also nicht nur mit dem sehr beschränkten Blick meiner eigenen Erfahrung und Kultur betrachte.

Was das praktisch bedeuten könnte?

Lern zum Beispiel ein paar Wörter oder Sätze in der fremden Sprache. Ein paar Buchstaben der fremden Schrift. Sicher, in der Prignitz wird Deutsch gesprochen. Aber weißt du, wie man dort grüßt? Hallo oder moin moin oder Grüß Gott oder wie? Antwortet man knapp mit Ja oder Nein? Oder fügt man wie in Frankreich eine halbe Anrede hinzu: «Non, madame!» Oder: «Oui, monsieur!»

Kein Portugiese – um bei dieser Nation zu bleiben – erwartet von dir, dass du seine schwierige Sprache fließend beherrschst. Aber es wird ihn vermutlich zu einem freundlichen Lächeln bringen, wenn du es versuchst. Wenn du Bitte und Danke in seiner Sprache sagen kannst, wenn du einen Gruß auswendig lernst, wenn du dich mit den Fremdwörtern für Zahlen abmühst. Schon hast du eine Brücke der Höflichkeit geschlagen.

Vielleicht reichen in deinem Fall Gesten und Lächeln und ein paar Brocken Englisch, der Verbindungssprache aller Touristen. Dann läuft alles gut, und du kannst dir einbilden, schon halb dazuzugehören. Aber drängel dich trotzdem nicht auf. Zu leicht hast du versehentlich eine falsche Bemerkung oder Geste gemacht. Oder hast das Empfinden der anderen dadurch verletzt, dass dein Top zu knapp oder deine Beine zu nackt sind. Ist das der Fall, so versuche, dein Verhalten zu korrigieren. Merk dir auf jeden Fall fürs nächste Mal, was man tut und was man lassen müsste.

Beherzige, dass nicht die Fremden sich nach dir richten müssen. Aber du musst dich nicht umgekehrt unbedingt sofort wie ein Einheimischer kleiden und benehmen. Das wäre affig und auch anmaßend. Du musst nur diese Einheimischen achten und Rücksicht auf sie nehmen.

Dazu gehört auch, dass du sie nicht wie Zootiere behandelst und in allen Lebenslagen fotografierst. Das wirkt auch in den Ländern aufdringlich, die nicht, wie zum Beispiel die islamischen, ganz andere diesbezügliche Gewohnheiten haben.

Nun bist du gut und glücklich von deiner Reise nach Hause gekommen. Die Ferien sind aus. Die Schule beginnt wieder.

Was tun bei Mobbing?

Du hast Mitschüler, und für den Umgang mit ihnen gelten die gleichen Regeln wie für den Umgang mit Geschwistern.

Wenn du dich mit ihnen verträgst, ist alles in Ordnung. Wenn nicht, so ist es nicht meine Sache, dir zu raten. Das müs

sen deine Eltern, Großeltern, Verwandten, Lehrer, Vertrauens-
schüler, Schulpsychologen und so weiter tun.

Das heißt: Wenn ihr euch vertragt, so seid ihr gemeinsam
und ohne groß darüber zu debattieren zu einer Konvention, einer Übereinkunft gekommen, wie ihr friedlich und fröhlich
zusammenleben könnt. Eure Höflichkeit, eure Familiensitten,
eure Redensarten mögen anderen vielleicht nicht als der Höhepunkt der feinsten Lebensart vorkommen – euch aber sind sie
der herzliche Ausdruck eurer Freundschaft, Kameradschaft,
Familienliebe.

Was geschieht aber, wenn nicht die Sonne scheint? Wenn es
vielmehr blitzt und donnert? Wenn du eine kleine Schwester
oder einen großen Bruder hast, der dich quält und heimtückisch
verrät und heimlich tritt und bei einem Appell an seinen Anstand oder seine Wohlerzogenheit nur höhnisch lachen würde?

In diesem Fall solltest du dich zuerst fragen: Ist der andere
wirklich schuld? Hast du nicht in Wirklichkeit angefangen und
den anderen unter dem Mantel der Unschuld gereizt und ge-
triezt, bis er explodieren musste? Dann fass dich an die eigene
Nase und bessere dich.

Bist du aber wirklich ein Opfer, so leide nicht so lange, bis
deine Seele zerfressen wird. Red mit jemandem über deine
Schwierigkeiten, den du liebst und dessen Gerechtigkeit du
kennst. Patentante? Großvater? Bester Freund deines Vaters?
Such dir jemanden aus, dem du vertraust. Verkriech dich nicht,
sondern rede und lass dir raten. Aufgrund ihrer größeren Erfahrung können dir die Erwachsenen wahrscheinlich einen Weg
aus deiner misslichen Situation heraus zeigen.

Das Reden zwingt dich, deine Situation zu bedenken. Du
gewinnst mit jedem Wort eine weitere Distanz zu dir und deinem Kummer. Aber nur, wenn du erstens nicht jammerst. Dabei verlierst du nämlich die Kontrolle über die Vernunft und
wirst ein Spielball deiner gekränkten Gefühle.

Es geht aber nicht anders? Rotz und Wasser müssen raus? Dann heul dich aus, wasch dir das Gesicht und fang von vorne an. Wenn du dir den richtigen Gesprächspartner ausgesucht hast, wird er geduldig und liebevoll warten, bis du fertig bist. Und zweitens darfst du nicht petzen. Das ist das Schwierigste. Denn beim Petzen verletzt du die Ehre der Gruppe, sei es Familie oder Schulklasse.

Du musst aber denjenigen nennen, der dich oder einen anderen heimlich schlägt, erpresst oder bestiehlt, kurz: fertig macht. Denk zum Beispiel an den Missbrauch der Handys: per Handy sich während einer Klassenarbeit die Lösungen durchsagen lassen. Per Handy sich nach einer Klopperei mit einer anderen Gruppe einen Schlägertrupp ans Schultor bestellen, der dort auf die Sieger lauert und sie mit Ketten und Schlagringen zusammendrischt. So etwas darf man nicht einfach geschehen lassen und so tun, als hätte man nichts gesehen.

Du musst also etwas sagen. Ist das Petzen? Musst du jemanden decken, der böse handelt? Weil du keinen aus deiner Gruppe verraten darfst?

Es ist leicht, sich bei diesem Konflikt hinter der Klassenehre zu verstecken.

Es ist schwer, zu widerstehen, als Einzelner zwischen gut und böse abzuwägen, aufzustehen und anzuklagen, sich mutig von der falschen Meinung aller zu entfernen.

Aber das ist anständig. Es entspricht der Grundüberzeugung, dass Manieren und Moral sich berühren müssen.

Das Petzen ist kein Weg zur unangenehmen Wahrheit. Es ist ein Ausdruck der Schadenfreude. Da versucht wer, wen bloßzustellen, an den er anders nicht herankäme.

Bleib du höflich und auf dem Weg zur Wahrheit und sag, was zu sagen ist. Sag es ruhig und sachlich, logisch so geordnet, dass der andere begreift, worum es geht, worum es dir geht.

Und noch einmal der Rat, bei deiner Reaktion nicht die

Selbstbeherrschung zu verlieren. Versuch, in allen Auseinander-setzungen höflich zu sein und zu bleiben oder zumindest: daran zu denken, dass Höflichkeit dazu da ist, dich gerade in solchen Fällen zu mäßigen und zu schützen. Denn du schadest auch dir, wenn du blindwütig den anderen mit Worten so verletzt, dass er oder sie es nie vergisst.

Ein einmal ausgesprochenes oder in der Wut geschrienes Wort verfliegt nie. Es setzt sich fest. Wird niemals vergessen. Hüte dich also. «Zähl bis zehn, ehe du loslegst!», sagte mein (sehr jähzorniger) Patenonkel immer. Und mein Großvater auch!

Zu guter Letzt:
Über den Zusammenhang von Moral und Manieren

Alle reden von den Werten, aber kaum einer der Erwachsenen, vor allem der Politiker, die das tun, nennen den Namen der Werte, an denen ihnen angeblich so viel liegt.

Und ich habe in den vorhergehenden Kapiteln immer wieder die Moral erwähnt und zu erklären versprochen, was sie mit unserem Benehmen zu tun hat.

Also muss ich als Erstes fragen: Wie steht das mit den viel zitierten Werten, vor allem denen ebendieser Moral?

Wir kommen zur Antwort, indem wir uns selber fragen: Was ist mir ein Wert? Was ist mir wert?

Meinem jüngsten Sohn war ein weiches Wattekissen in Form eines hockenden Hasen mit zwei spitzen Ohren mehr wert als alles andere. Häsi begleitete ihn buchstäblich auf Schritt und Tritt. Wenn er Häsi vergessen hatte, musste der Vater selbst mit voll gepacktem Ferienauto umkehren und Häsi holen. Häsi bekam im Lauf der Kindheit immer wieder ein neues Fell, sprich Baumwollüberzug, auf den ich mit Wäschetinte genau das gleiche Hasengesicht samt Hemd, Krawatte und Weste zeichnen musste, damit Häsi Häsi blieb.

Häsi stellte einen geringen materiellen Wert da. Aber höher konnte auch kein Onkel Dagobert Duck seine Goldmünzen wertschätzen. Denn das Kind besaß nicht nur seinen Hasen, es liebte ihn auch. Es hatte eine persönlich Beziehung zu dieser Sache. Ich hätte Häsi nie zum Beispiel durch ein Kätzchen ersetzen können. Onkel Dagobert dagegen hätte ein Goldstück gar nicht vom anderen unterscheiden können noch wollen. Hauptsache, es waren viele, damit er mehr besaß als andere.

Sind das nun zwei Arten von Werten oder zwei Arten von Wertschätzungen?

Ein Hasenkissen ist eine Sache, ein Goldstück ist eine Sache. Ein Bleistift, ein Butterbrot, ein Stofftier, ein Fahrrad: alles Sachen. Du kannst sie schätzen oder verwerfen. Oder sie sind dir gleichgültig.

Damit haben wir festgestellt: Du selber gibst einer Sache Wert. Und das machst du, das machen wir alle in jedem Augenblick unseres Lebens. Wir wählen aus zwischen Ja und Nein und gut und böse und cool und Mist. Wir müssen uns entscheiden, ob wir wollen oder nicht. Willst du weiterlesen oder nicht? Hat für dich das Lesen also einen höheren Wert als zum Beispiel Fußball oder einfach Nichtlesen? Willst du beim Lesen Tee trinken oder Milch? Willst du deiner Mutter fünf Mark aus der Geldbörse klauen oder nicht? Willst du deinen Feind auch noch verpetzen oder nicht?

Jetzt könntest du sagen: Die beiden letzten Fälle sind aber etwas anderes! Ja, du hast Recht. Und damit sind wir bei dem Thema, das uns von diesem ganzen Werte-Komplex am meisten interessiert.

Es gibt verschiedene Ebenen unseres Lebens, die die Philosophen unserer Kultur auch verschieden benannt haben. Aber bei den meisten wurden diese drei Ebenen erwähnt, die materielle als unterste, dann die seelische und als höchste die geistige.

Auf die materielle Ebene gehören Bleistift und Goldstücke, unser Körper, die ganze Welt und das Weltall als Materie. Wenn ich nun meinem Bleistift, meinem Fahrrad oder meinem Geld Wert verleihe, so handelt es sich um Sach-Werte, um niedere Werte.

Wenn ich aber mein Häsi oder mein Rosenbeet oder meine Katze wertschätze, was dann? Ein Stofftier, eine Rose, eine Katze – das ist Materie, also unterste Stufe. Oder?

Ich glaube, du stimmst mir zu, wenn ich sage: Ja, aber da ist auch ein Gefühl im Spiel. Ich liebe etwas, und ich kann die Katze und die Rose auch weiterlieben, wenn sie mir nicht oder nicht mehr gehören. Zu ihrem materiellen Wert kommt also der seelische Wert, und wenn du darüber nachdenkst, fragst du sicher, ob du auf dieser Ebene überhaupt eine Wahl treffen kannst.

Bist du nicht vielmehr ein Opfer deiner Gefühle? Überwältigt dich nicht die Schönheit einer Rose, sodass du sie lieben musst? Kannst du der Anmut einer kleinen spielenden Katze widerstehen (außer du hast eine Katzenallergie)? Und dann blickst du vermutlich auf die Sätze über die materielle Ebene zurück und fragst: Hatte ich da wirklich eine Wahl? Ob meine Wunde am Knie heilt oder nicht? Ob ich meinen erwachenden sexuellen Gefühlen folge oder nicht? Ist mein Urteil nicht von denen meiner Familie beeinflusst? Wähle ich nicht das, was die Kinder aus meiner Klasse wählen? Darüber kann man verschiedener Ansicht sein, und wenn du dich später mit Philosophie und der Geschichte dieser Fragen beschäftigst, wirst du sehen, dass sie im Lauf der Jahrhunderte immer wieder anders beantwortet worden sind.

Diese Fragen nach der Willensfreiheit werden noch interessanter, wenn wir über die dritte Ebene des Lebens nachdenken, über die geistige. Der Geist und die Sprache, sagt man, unterscheiden uns vom Tier. Der Geist, das ist unsere Fähigkeit, zu denken, über uns, über andere und anderes nachzudenken, daraus Schlüsse zu ziehen, Ziele zu setzen und Urteile zu fällen.

Uns geht es um diese Urteile, um Werturteile. Denn nun unterscheidest du nicht mehr auf der materiellen Ebene deiner Zunge und deines Magens, die Vanilleeis höher schätzen als Erdbeereis. Du bist nicht mehr auf der seelischen Ebene, auf der du dich von Gefühlen leiten lässt.

Du bist auf der Ebene, die uns manchmal das Leben schwer macht oder uns zumindest das gemütliche Leben vermiesen kann.

Das ist die Ebene der moralischen oder ethischen oder sittlichen Werte. Hier wird die Freiheit des Willens vorausgesetzt, die Freiheit, die dir ermöglicht, das Gute zu tun und das Böse zu lassen. Und zwar auch dann, wenn es keiner sieht.

Das heißt: Du verpflichtest dich frei-willig den Werten, die insgesamt die moralische Ordnung deiner, unserer Welt darstellen. Oder darstellen sollten.

Manche Philosophen stellen diese Ordnung wie unser himmlisches Firmament dar: funkelnde Leitsterne, die allen leuchten. Sternbilder, die am Horizont aufgehen, ihren Höhepunkt erreichen und wieder sinken. Denn diese Werte sind wie alles am Himmel und auf Erden vergänglich, nicht unveränderlich und nicht für alle gültig.

Ach, so müsse man sich ja gar nicht darum kümmern und könne machen, was man wolle? Und wenn man wie die Politiker betrüge und den Amtseid bräche, wenn man wie ein Mafioso Schutzgelder einkassierte oder sich wie James Bond durchs Leben schösse – wen kümmerte es? Selbst ein ehemaliger Naziarzt, der Tausende von Kindern im KZ mit Folterexperimenten zu Tode gequält hat, bekommt nur eine Strafe von zwei Jahren Haft.

Ja, so ist es. Aber ist das gut? Kann eine Gesellschaft existieren, wenn sie sich nicht auf ein Minimum von Regeln einigt, die uns gebieten, unsere finsteren Gelüste zu unterdrücken, meinetwegen nur zum Wohle der Gesellschaft? Wenn sie nicht ein paar Werte hoch schätzt und jeder dafür sorgt, dass sie zumindest allgemeine Geltung besitzen und in unserem Gemeinwesen so etwas wie eine verlässliche Ordnung darstellen, damit wir in Ruhe und der Sicherheit des Vertrauens unsere Arbeit leisten und unser Leben leben können?

Könnte ein Individuum, also: könnten du und ich existieren ohne die Übereinkunft darüber, was wir für gut und böse halten? Jetzt sind wir beim Begriff des Gewissens. Das Gewissen wird als eine innere Stimme definiert, die in dem Augenblick, in dem du die Hand nach Nachbars Äpfeln ausstreckst oder nach dem Revolver in der Waffensammlung deines Vaters, dir zuflüstert: «Tu's nicht! Böse böse!»

Gibt es diese Stimme? Spricht sie in allen Menschen? Wenn du die Zeitung liest, musst du dir sagen: nein. Die Stimme des Gewissens ist wohl ein Märchen aus der guten alten Zeit.

Ich sage: doch. Es gibt sie. Aber sie ist schwach und leise. Du kannst sie leicht übertönen. Sie muss so sorgfältig gepflegt und ausgebildet werden wie die Stimmen der Opern- und der Schlagersänger. Das war früher vielleicht etwas leichter, als – wir sind bei unserem Thema! – die Menschen dem Gewissen und den Gewissensentscheidungen einen hohen Wert beimaßen. Als man denjenigen bewunderte, der aus moralischen Gründen nicht betrog. Nicht Millionen in die Schweiz verschob. Nicht jemanden aus Eigennutz verriet oder nicht in sein Land fliehen ließ. Und so weiter.

Heute stehen materielle Werte höher im Kurs. Die Drittwohnung auf einer eigenen Insel. Das Auto. Die Konten in mehreren zinsgünstigen oder verschwiegenen fremden Ländern. Das Gerassel von Diamanten und Perlen. Das eigene Flugzeug. Die Gemäldesammlung, die man sich als Ware kaufen kann, weil man als Industrieller seine Ware gut verkauft hat.

Früher war es sicher nicht anders. Aber da man auch die anderen, höheren Werten anerkannte und zum Beispiel Nächstenliebe und Wahrheitsliebe einfach für besser und auch für wichtiger hielt als die Geldliebe oder die Verschlagenheit, gab es so etwas wie eine Kontrollinstanz. Dies und jenes tat man (eigentlich) nicht. Und wenn man fehlte, so waren sich alle darin einig, dass man ein Schweinehund war. Dass in der Folge genauso vertuscht und verdrängt und geleugnet wurde wie heute, ist wieder ein anderes Thema.

Ich möchte jetzt die Prinzipien nennen, die Richtlinien, die seit frühesten Zeiten die moralischen Entscheidungen der Menschen bestimmt haben.

In der Antike waren das die vier Kardinaltugenden: Weisheit, Gerechtigkeit, Tapferkeit und Mäßigkeit. Diese letzte Tugend bedeutete: Maß halten, und zwar im Geistigen wie im Körperlichen. Sie empfahl also Selbstbeherrschung und den «goldenen Mittelweg».

Wenn du durch Städte gehst, in denen noch ein altes Renaissance-Rathaus steht, vielleicht ein Fachwerkbau mit wunderschön geschnitzten und bemalten Figuren an allen Ecken und Kanten der Stockwerke und Erker und Giebel, dann siehst du vielleicht, dass diese oder jene Figur ein Spruchband hält, auf dem man lesen kann, welche bürgerliche Tugend sie darstellt: Mäßigkeit, auch altmodisch Maße geschrieben, Weisheit, Gerechtigkeit, Caritas (das ist die Nächstenliebe).

Diese Figuren mit ihren Spruchbändern waren jedem täglich vor Augen, der über den Markt oder zu Gericht ging. Das prägte sich ebenso ein wie die Bilder in den Kirchen. Glaube, Liebe, Hoffnung, das sind die christlichen Tugenden: Glaube an Gott und seine Verheißungen, Liebe als Nächstenliebe, Hoffnung auf die Auferstehung.

Und da waren die zehn Gebote, die du sicher kennst, und die sieben Werke der Barmherzigkeit, zu denen ein jeder Christ verpflichtet war. Dies sind die sieben Werke: die Hungrigen speisen, die Durstigen tränken, die Nackten bekleiden, Gefangene aufsuchen und Obdachlose beherbergen, die Kranken pflegen, die Toten bestatten.

Das waren die höchsten Werte, und die Philosophen lehren, dass die höchsten Werte am schwersten zu verwirklichen sind.

Aber sie besitzen trotzdem eine Geltung, die bis in unsere Tage reicht.

Das gilt auch für die Werte, die von den Philosophen als niedere oder Alltagstugenden bezeichnet werden: zum Beispiel

Ordnung, Fleiß, Gehorsam, Gelassenheit, Anständigkeit, Demut und viele andere.

Und all diese Sterne am Firmament warten auf dich und mich.

Sehen wir sie? Erkennen wir sie als das, was sie für unser Leben bedeuten? Niemand zwingt dich, tapfer, edel, anständig, höflich, hilfsbereit oder ehrlich zu sein. Du hast die Wahl.

Du musst dich entscheiden, ob du gut oder böse handeln willst. Wenn du an Gott den allmächtigen Vater glaubst, der Moses die Gesetzestafeln mit den zehn Geboten gegeben hat, und an das Jüngste Gericht, an die Vergebung der Sünden und die Auferstehung vom Tode, so hat diese Entscheidung ein ganz anderes Gewicht und verheißt unerschütterlich feste Werte. Das ist wieder ein anderes Thema, aber ein Abglanz dieser Möglichkeit liegt immer auf den Worten: gut und böse. Und wirkt auch bei denen, die nicht an Gott als letzte Instanz glauben.

Du musst dich ebenso entscheiden, ob du dich gut oder schlecht benehmen willst, und wenn du diese Entscheidung abwägst, wirst du sicher erkennen, dass bei Moral und Manieren vieles gleich ist. Sie hängen nur von dir ab. Sie sind mit Verzichten verbunden. Sie werden von der Stimme des Gewissens kommentiert. Sie sind umso schwerer zu verwirklichen, je höher der Wert ist, den wir ihnen geben. Sie können dazu führen, dass du als Trottel und Dummkopf verhöhnt wirst, wenn du gut und im moralischen Sinne anständig zu sein versuchst, wenn du immer bei der Wahrheit bleibst, später die Steuern zahlst und jemanden unterstützt, ohne darüber zu reden.

Wer trotzdem unverdrossen bei Moral und Manieren bleibt, lässt die Sterne weiter funkeln. Und wir brauchen ihr Licht, um den Weg unseres Lebens zu erkennen.

Sybil Schlepegrell, geborene Gräfin Schönfeldt, studierte Germanistik und Kunstgeschichte in Göttingen und Hamburg und wurde in Wien promoviert. Zuerst arbeitete sie als Redakteurin bei verschiedenen Zeitschriften, dann als freie Journalistin, zum Beispiel für DIE ZEIT und das ZEITmagazin. Sie ist die Autorin zahlreicher Bücher für Kinder und Erwachsene, unter anderem des erfolgreichen *1x1 des guten Tons* (rororo 18877 und Wunderlich Taschenbuch 26331). Daneben hat sie viele Anthologien herausgegeben, wichtige Jugendbücher aus dem Englischen ins Deutsche übersetzt und wurde mit dem Deutschen Jugendbuchpreis ausgezeichnet. Die gebürtige Österreicherin lebt in Hamburg, wo sie die Kinderbuchwoche und das Jugendforum mit begründete. Von 1982 bis 1985 war sie die erste Vorsitzende des Arbeitskreises für Jugendliteratur. Für ihren autobiographischen Roman «Sonderappell» erhielt sie den Europäischen Jugendbuchpreis.